Llyfrau Lla

Seintiau Cynnar Cymru

Daniel J. Mullins

Llyfrau Llafar Gwlad

Gol: Esyllt Nest Roberts

Argraffiad cyntaf: Gŵyl Ddewi 2002

Rhif Llyfr Safonol Rhyngwladol:
0-86381-769-6

Llun y clawr: dyluniadau o Lyfr Teilo (drwy garedigrwydd Henry Jones-Davies, Cambria*)*
Cynllun clawr: Sian Parri
Lluniau tu mewn drwy garedigrwydd Terrence a Heather James;
C.V. Morgan.

Argraffwyd a chyhoeddwyd gan Wasg Carreg Gwalch,
12 Iard yr Orsaf, Llanrwst, Dyffryn Conwy, LL26 0EH.
☎ *01492 642031* 🖹 *01492 641502*
e-bost: llyfrau@carreg-gwalch.co.uk
lle ar y we: www.carreg-gwalch.co.uk

Cyflwynir y gyfrol
er cof am
John Owen Huws.

Cynnwys

Rhagair

Fe wêl y darllenydd fy nyled i ysgolheigion ac ymchwilwyr, hen ac ifanc, ym meysydd ein llenyddiaeth, ein llawysgrifau a'n holl hen destunau. Yn Lladin yr oedd tadau cyntaf yr Eglwys Gristnogol ym Mhrydain yn ysgrifennu; addysg yr ysgolion Rhufeinig oedd sail eu hyfforddiant a'u dysg.

Ar gais y diweddar John Owen Huws y dechreuais baratoi'r llyfryn hwn. Roedd y ddau ohonom wedi bod draw yn Iwerddon yn paratoi rhaglen radio ar y Newyn Mawr. Cofiaf inni sefyll ar fryncyn yn Swydd Limerick yn edrych ar furddunod cartrefi'r trueiniaid a allai weld y llongau'n cludo'r gwenith allan o'r wlad; syllu wedyn ar y grynnau sy'n aros hyd heddiw gan fod y tatws a fyddai wedi cynnal y bobl wedi pydru yn y tir. Roedd cofio'r cyfnod trist hwnnw wedi arwain at drafodaeth ar y berthynas rhwng Cymru ac Iwerddon. Yn y ddwy wlad mae enwau lleoedd a mannau cysegredig y bobl yn trysori'r cof am y Brython Padrig ac am y dreftadaeth grefyddol a oedd ar un adeg wedi esgor ar un gymanwlad Gristnogol, a seintiau cynnar y ddwy ynys yn gwbl gartrefol ym mhob rhan ohoni.

Tristwch mawr i mi yw fod marw annhymig John wedi amddifadu Cymru o un o'i meibion ffyddlonaf, un a ddymunai weld ei gyd-wladwyr yn cofleidio hanes eu cenedl. Er gwaethaf gwendidau a diffygion y llyfryn hwn, roedd John yn awyddus iawn i'w weld yn cael ei gyhoeddi. Gobeithio ei fod yn goffâd teilwng ohono.

Yng nghanol llanastr materoliaeth ac adfeilion crefydd ein cyfnod ni, mae tystiolaeth Illtud, Dewi a Deiniol yn aros, gan barhau i alw arnom fel ag y gwnaeth dros y canrifoedd. Roeddent hwy yn dystion i adfywiad Cristnogol a oedd yn uno Ewrop a rhannau o'r Affrig ac Asia dan luman Crist. Wrth ddwyn i gof eu gorchestion a'u gobeithion, fe allwn weld gweddi Crist yn dwyn ffrwyth – 'fel y byddont oll yn un'.

Yr Esgob Daniel J. Mullins

Rhagarweiniad

Yn union cyn cyrraedd porthladd Abergwaun ceir mynegbost yn gwahodd brodor ac ymwelydd i fynd ar daith y Saint a'r Cerrig. Mae'n siŵr fod y rhan fwyaf o'r teithwyr sy'n cyrchu'r llong yn mynd heibio heb sylwi dim ar y gwahoddiad. Gyda nifer sylweddol ohonynt o dras Wyddelig, byddai dychwelyd rywdro a dilyn y trywydd yn eu cysylltu â'u hynafiaid ac â'u gwreiddiau Cristnogol.

Ers gwawr hanes, mae porthladdoedd Penfro a gorllewin Cymru wedi cysylltu trigolion y ddwy ynys. Ar un o gyrchoedd rhyw dywysog o Wyddel, cipiwyd Padrig, llanc ifanc o dras batriarchaidd, a'i ddwyn i'w werthu'n gaethwas yn Iwerddon. Felly y pennwyd holl ddyfodol yr Ynys Werdd a'i chyfraniad unigryw i wareiddiad y Gorllewin ac i hanes y byd. Rhyfedd yw ffyrdd Rhagluniaeth.

Taith ar hyd yr arfordir o Lanwnda i Dyddewi a arfaethir. Yn sicr, fe fyddai'r hen bererinion a deithiai i ymweld â bedd a mynachlog Dewi ym Mynyw yn galw yn yr eglwysi hyn. Yn y cyfnod cynnar, adeiladau o wiail a phlaster a geid yn yr ardal hon fel ym mhobman arall yng Nghymru. Yn ddiweddarach codwyd adeiladau syml ond cadarn gan ychwanegu atynt wedyn, yn y cyfnod Normanaidd yn bennaf. Cell meudwy fyddai mewn nifer o fangreoedd anghysbell fel y rhai hyn yn sir Benfro. Cyfraniad pwysig y mynaich Celtaidd i'r byd Cristnogol oedd eu gwaith cenhadu yng nghefn gwlad a'r tu allan i'r canolfannau Rhufeinig a threfol. Er mai gadael popeth er mwyn dilyn Crist oedd nod ac uchelgais y meudwy, roedd arwain pobl at Grist yn ddyletswydd ac yn gyfrifoldeb hefyd. Hyn a arweiniodd cynifer o fynaich Iwerddon i dramwyo gwledydd Ewrop nes cyrraedd ffiniau Rwsia neu ymgartrefu ym mynyddoedd y Swistir a'r Eidal. Yn hyn o beth roedd mynachdai Cymru yn wahanol. Cwyn Beda, a adlewyrchir yng Nghyffes Padrig, yw fod diffyg sêl genhadol yn nodweddu'r Brythoniaid.

Wrth ddilyn trywydd yr eglwysi hynafol heddiw, fe'n hatgoffir am yr hyn a ddigwyddodd dros y canrifoedd. Fe fyddai'r Normaniaid yn newid nawddsant rhai eglwysi gan eu hailgysegru yn enw seintiau eraill. Yr enghraifft fwyaf nodedig o hyn oedd ailgyflwyno Eglwys Gadeiriol Mynyw i'r Apostol Andreas. Ac eto, mae cof am yr hen seintiau brodorol wedi aros er gwaethaf hyn ac er yr holl ddilorni ar anrhydeddu'r seintiau a oedd yn rhan o frwdfrydedd cynnar y Diwygiad Protestannaidd. Yng nghof y bobl ac yn eu llên gwerin, cadwyd enw llawer meudwy a gwas diymhongar i Grist, sy'n dystiolaeth i'w dylanwad ar fywyd ac ar ymwybod y Cymry ar hyd y canrifoedd.

Twf Mynachaeth

Yn ôl yr Arglwydd ei hun, rhaid i'r un sy'n dymuno bod yn ddisgybl iddo ymwadu ag ef ei hun a chodi ei groes a'i ganlyn Ef (gw. Luc 9, 23). Yn Llyfr yr Actau, gwelwn y Cristnogion cyntaf yn ceisio dilyn y ddelfryd hon gan werthu eu heiddo a'i drosglwyddo i'r apostolion. Yn Actau 21, 8-9 dywedir bod pedair merch y diacon Philip yn wyryfon a phroffwydesau yn Cesarea. Mae'r adroddiad hwn yn un diddorol ac arwyddocaol. Dynion yn bennaf sydd wedi ysgrifennu hanes yr Eglwys erioed ac eto, wrth edrych ar gyfeiriadau yma ac acw, mae'n amlwg mai ymhlith y merched y datblygwyd y ffurfiau cynharaf ar fywyd cysegredig.

Yn hanes yr un a ystyrir yn dad mynachaeth, Antoni o'r Aifft, bodolaeth cwfaint o fenywod cysegredig a'i gwnaeth hi'n bosibl iddo ddarparu ar gyfer ei chwaer a mynd yn feudwy i'r anialwch. Y ffynhonnell bwysicaf sy'n adrodd hanes Antoni yw ei fuchedd a ysgrifennwyd gan Athanasius, esgob Alecsandria. Ganed Antoni yn yr Aifft tua chanol y drydedd ganrif ac ar ôl marw ei rieni, rhoddodd ei chwaer yng ngofal cwfaint o wyryfon a dechrau byw fel meudwy. Yn y flwyddyn 285, enciliodd i fynyddoedd y diffeithwch ac aeth i fyw i furddun hen gaer mewn lle anghysbell a gwyllt o'r enw Pispir. Yn gynnar yn y bedwaredd ganrif daeth nifer o feudwyaid eraill ato gan ddymuno bod yn ddisgyblion iddo. Ei benderfyniad i dderbyn eu cais oedd un o drobwyntiau tyngedfennol twf a datblygiad yr Eglwys Gristnogol. Mewn gwth o oedran, teithiodd i Alecsandria i fynegi ei barch at Athanasius, esgob y ddinas honno, a'i gefnogi yn ei frwydr fawr yn erbyn yr Ariaid. Bu farw Antoni yn hen ŵr dros gant oed yn 356.

Cyfoeswr i Antoni yn yr Aifft oedd Pachomius. Fel ei gyd-wladwr enwocach, roedd yntau'n feudwy ac yn arweinydd a chynghorydd grŵp o ddisgyblion. Yn wahanol i gynghorwyr ysbrydol eraill, mynnodd Pachomius fod ei ddisgyblion yn derbyn ei awdurdod drostynt, byw dan yr un to a mabwysiadu rheol i'w bywyd cysegredig. Dyma fynachaeth yn ei ystyr lawnaf yn dechrau ymffurfio. Daeth grwpiau eraill i fabwysiadu trefn a rheol Pachomius. Erbyn ei farwolaeth yn 346, roedd nifer o sefydliadau ar lannau afon Nil yn ystyried Pachomius fel eu tad ysbrydol. Roedd Athanasius yn ymwybodol o'r datblygiad hwn ac yn ei gefnogi. Cafwyd cyfieithiad Lladin o'r rheol gan Sierôm yn 404 O.C.

Yn 339 bu'n rhaid i Athanasius ffoi o Alecsandria. Treuliodd dair blynedd yn Rhufain a chyfnodau mewn mannau eraill yn yr Eidal ac yn Trier yng Ngâl. Roedd y ddau fynach Isidor ac Ammonius yn gymdeithion iddo ar ei deithiau. Daeth Isidor yn ffigwr dylanwadol yn

Rhufain, yn enwedig yng nghylchoedd Seneddwyr a boneddigion y ddinas a'u teuluoedd. Felly y braenarwyd y tir yn Rhufain ac yn yr Eidal ar gyfer yr had newydd yn yr Eglwys. Cysylltir enwau Eusebius o Vercelli, Sierôm ac Emrys yn Milan â lledaenu'r mudiad yn y Gorllewin.

O safbwynt y gwledydd Celtaidd, yr enw pwysicaf yw Martin o Tours. Ac yntau'n esgob y ddinas honno, cododd fynachlog fawr yn Marmoutier. Dywedir bod dwy fil o fynaich yn ei angladd yn 397.

Disgybl i Martin oedd Victricius (*c*.330-407). Yn gyn-filwr fel Martin ei hun, daeth yn un o gylch y mynach Paulinus o Nola (*c*.353-431). Pan etholwyd Paulinus yn esgob y ddinas honno, galwodd ar ei gyd-fynaich i arwain adfywiad crefyddol yn yr esgobaeth. Oddeutu 386, etholwyd Victricius yntau'n esgob yn ninas Rouen. Y mynaich eto oedd ar flaen ei ymdrechion ef i fynd â'r Ffydd Gristnogol allan o'r trefi a'i chyflwyno i bobl cefn gwlad Normandi ac i'r tlodion. Yn 396 daeth Victricius i Brydain. Roedd ei gyfnod yn y wlad hon yn ddolen bwysig yn natblygiad mynachaeth ac yng nghenhadaeth y mynachlogydd ar Ynys Prydain.

Arweinwyr eraill y mudiad yng Ngâl oedd John Cassian a gododd fynachlog enwog yn Marseilles, a Honoratus, sylfaenydd mynachlog ddylanwadol iawn ar ynys fechan Lerins ger Cannes.

Os oes coel ar y traddodiadau a gofnodwyd gan Tirechan a Muirchiu yn ail hanner y seithfed ganrif, roedd Padrig wedi bod gyda Garmon yn Auxerre ac wedi derbyn hyfforddiant yn Lerins cyn iddo fynd yn ôl yn esgob i Iwerddon. Yn sicr, mae'r cyfeiriadau hyn yn atgof o'r berthynas rhwng y mudiad mynachaidd yng Ngâl a'r un mudiad yn Iwerddon. Dywed Tirechan fod Padrig wedi teithio yng Ngâl, yr Eidal ac ynysoedd môr Tyrrhenia. Nid yw hyn yn anghyson â Chyffes Padrig. Yno, dywed y sant iddo ddianc o gaethwasiaeth yn Iwerddon a theithio dau gan milltir i ddal llong i'w wlad ei hun. Cafodd ei dderbyn ar gardod a'i ddwyn ar y llong am dridiau cyn glanio a theithio am wyth diwrnod ar hugain drwy'r anialwch. Cred Ryan fod y darn dyrys hwn yn awgrymu iddynt lanio yn Ffrainc ac nid ym Mhrydain, cyn cael eu cipio gan anrheithwyr ar ôl wyth diwrnod ar hugain. Llwyddodd Padrig i ddianc a'i gael ei hun yn ddiymgeledd yn neheudir Gâl neu yn yr Eidal. Ar ôl treulio rhai blynyddoedd yno, dychwelodd i Brydain cyn cael ei alw'n ôl i Iwerddon yn gennad Efengyl Crist. Ar gyfandir Ewrop y byddai Padrig wedi dysgu am y fynachaeth newydd a oedd yn gweddnewid bywyd Cristnogol Ewrop.

Bid a fo am hynny, seiliwyd y drefn eglwysig a sefydlwyd gan Padrig ar arweiniad ac awdurdod esgobion. Mae Tirechan yn rhestru dau a deugain ohonynt gan ychwanegu fod nifer o rai eraill hefyd. Ond yn yr hen ddogfennau, sonnir yn ogystal am fynaich ac am wyryfon cysegredig.

Sonia Padrig ei hun yn y Gyffes am feibion a merched mân frenhinoedd y Gwyddelod a oedd yn awr yn fynaich ac yn wyryfon Crist. Yn amlwg, hwy oedd coron a gogoniant ei holl ymdrechion yn Iwerddon. Ond er pwysiced yr oedd y rhain iddo, mae'n ddiddorol sylwi pa mor israddol oeddynt yn y drefn a osododd ef ar yr Eglwys yn y dalaith Gristnogol newydd. O gofio'r datblygiadau diweddarach yn Iwerddon, y drefn a welir ym Mhrydain a adlewyrchir yng Nghyffes Padrig. Nid oedd safle a phwysigrwydd blaenllaw abadau ac abadesau wedi datblygu yn Iwerddon dan ei arweiniad ef.

Wrth geisio penderfynu pryd y daeth y mudiad mynachaidd i Brydain, mae'r dystiolaeth a gysylltir â Padrig yn allweddol. Y ddwy ddogfen ddilys o'i waith sydd wedi goroesi, sef Y Gyffes a'r Llythyr at Filwyr Coroticus, yw dogfennau cynharaf yr Eglwys Gristnogol ym Mhrydain. Erbyn ail hanner y bedwaredd ganrif, roedd prif arweinwyr yr Eglwys yn y Gorllewin, Emrys, Awstin, Sierôm, Martin a Paulinus yn troi at y mynachlogydd newydd er mwyn canfod cydweithwyr a chenhadon. Os yw'r traddodiad sy'n honni i Padrig gael ei hyfforddi ym mynachlogydd y cyfandir yn ddilys, daeth y dylanwad i Iwerddon yn uniongyrchol o Ffrainc. Ond mae dyfodiad Victricius i Brydain yn 396 yn dangos fod cysylltiad yr Eglwys yn y wlad hon â'r Eglwys yng Ngâl yn agos ac yn ddylanwadol, a mudiadau newydd yn yr Eglwys a'r dulliau arbrofol o genhadu ymhlith y werin bobl yn cyrraedd yma yn gynnar iawn. Ym mucheddau'r seintiau, cedwir y cof am fynachlogydd yng Nghymru cyn bod Illtud yn dechrau ar ei waith mawr yn Llanilltud Fawr. Mae'r holl dystiolaeth yn awgrymu bod hadau cyntaf y mudiad mynachaidd wedi egino ym Mhrydain erbyn dechrau'r bumed ganrif.

Parhad y Ffydd Gristnogol ym Mhrydain

Roedd esgobion o Brydain yn bresennol yng Nghyngor Arles yn 314 O.C. ac mewn cynghorau eglwysig eraill yn ystod y bedwaredd ganrif. Yn ystod y ganrif hon y gosodwyd trefn ar fywyd yr Eglwys ar ôl i Gristnogaeth ddod yn ffydd yr Ymerodraeth Rufeinig. Daeth Cystennin Fawr yn Gristion yn 313 ac er iddo ganolbwyntio mwy ar y Dwyrain, roedd presenoldeb cynrychiolwyr Esgob Rhufain a'i gadarnhad yntau yn sicrhau fod undod ffydd a phurdeb moes yn cael eu diogelu ar draws taleithiau'r Gorllewin.

Erbyn 410-415 roedd awdurdod yr Ymerodraeth wedi dod i ben ym Mhrydain ond ni olygai hynny fod trefn, cyfraith a gwareiddiad Rhufain wedi diflannu. Wrth i'r llengoedd gilio, gosodwyd arweinwyr i sicrhau parhad bywyd sefydlog. Roedd dyfodiad Cunedda a'i feibion i ogledd Cymru yn un enghraifft o hyn ac mae'n amlwg fod Padrig yn ystyried ei hun yn ddinesydd Rhufain a'i dad a'i daid yn swyddogion y drefn Rufeinig. Dywed yn ei lythyr at Coroticus nad at gyd-ddinasyddion y Rhufeinwyr duwiol y mae'n ysgrifennu ond at Coroticus ei hun a'i filwyr sydd bellach yn gynghreiriaid cythreuliaid, y Scotiaid, y Pictiaid a'r gwrthgilwyr, a hyn oherwydd iddynt ladd a dwyn Cristnogion a gwawdio offeiriaid a oedd yn siarad yn enw Padrig ei hun.

Socii Scottorum atque Pictorum apostatarumque. Roedd llwythau yn cilio o'r Ffydd a Christnogaeth yn cael ei disodli gan lwythau paganaidd o'r Almaen. Barn ysgolheigion heddiw yw mai yn y trefi y derbyniwyd Cristnogaeth yn bennaf a bod ei dylanwad yn llai ymhlith perchnogion y tai Rhufeinig moethus ac yn yr ardaloedd gwledig. Yn sicr, y dinasoedd neu'r trefi oedd canolfannau trefn a chyfraith yr Ymerodraeth ac roedd Cristnogaeth yn anochel yn ymweu drwy'r un fframwaith gweinyddol. Wrth i fywyd trefol ddechrau ymchwalu, rhaid bod yr holl gyfundrefn, gan gynnwys trefniant cyhoeddus yr Eglwys, wedi troi'n ferddwr llonydd nes cynhyrfu'r dyfroedd unwaith yn rhagor gan fudiad y mynachlogydd a'r mynaich. Y mudiad hwnnw a droes y llwythau Brythonaidd a gweddillion gwareiddiad Rhufain yn undod newydd, gan esgor ar genedl a diwylliant y Britanni. Treftadaeth ein seintiau cynnar a'r holl fwrlwm cynhyrfus a sicrhaodd mai delfryd y bobl arbennig hon ers hynny yw'r grefydd Gristnogol a'r iaith Gymraeg.

Dywedir weithiau fod Cristnogaeth wedi edwino rhwng y bedwaredd a'r chweched ganrif. Roedd twf heresi Pelagius yn dyst i drafod brwd ar gynnwys y Ffydd ar gyfandir Ewrop, a daeth Garmon yntau yma yn 429 er mwyn cael gwared â'r dehongliad cyfeiliornus o'r wlad. Tystia Padrig i fri a phwysigrwydd yr ysgolion eglwysig a'r gwŷr eglwysig a dreuliodd oes yn perffeithio dysg, rhethreg a gwybodaeth o'r Ysgrythurau.

Cyfraniad mawr y mynaich crwydrol ar y cyfandir oedd mynd â'r Ffydd allan o'r trefi. Yng Nghymru, lle nad oedd ond dwy dref Rufeinig, mae natur a lleoliad y llannau cynnar yn dangos mai ar draws cefn gwlad y teithiodd y genhadaeth fynachaidd ac mai gofal bugeiliol mynachaidd a sefydlwyd.

Ffigwr annelwig rhwng cyfnod Padrig a sefydlu ysgol enwog Illtud yw Dyfrig. Yn ddiamau, roedd yn gymeriad hanesyddol a'i gyfraniad yn allweddol i barhad bywyd a threfn eglwysig.

Ceir tystiolaeth fod Cristnogaeth wedi parhau'n ddi-dor yng Nghaerwent a'r de-ddwyrain ac mae'r traddodiadau a gysylltir â Macsen Wledig yn awgrymu ymgyrchoedd i ddiogelu uniongrededd Cristnogion y parthau hynny. Roedd y ffyrdd Rhufeinig yn cysylltu hen gadlysoedd y fyddin â dyffryn Tywi yn y de ac â Môn a Gwynedd yn y gogledd, yr ardaloedd yr oedd Cunedda a'i feibion yn eu hamddiffyn, ac os yw'n deg casglu mai oddeutu 500 y ganed Gildas, roedd yr addysg a gafodd yn ei ieuenctid yn un glasurol a Christnogol iawn.

Mae'r cyfeiriad cynharaf at Dyfrig i'w gael ym muchedd Samson. Sonnir amdano'n dod i fynachlog Illtud i ordeinio Samson yn ddiacon ac i ordeinio dau arall yn offeiriaid. Dywedir hefyd mai Dyfrig a ordeiniodd Samson yn offeiriad a'i fod yn byw 'yn ei dŷ ei hun' ar Ynys Bŷr. Yn yr un fuchedd sonnir am synod yn cael ei gynnal a bod Samson yn un o dri esgob a gysegrwyd ar Ŵyl Cadair Pedr yr Apostol, sef Chwefror 22ain.

Unwaith y daeth yr erlid ar Gristnogion i ben, daeth cynghorau ynghyd i osod trefn ar athrawiaeth a disgyblaeth yr Eglwys. Un o'r cynghorau cynharaf y gwyddom amdano ac yr erys cofnodion ohono hyd heddiw yw cyngor Elvira, Sbaen tua 306.

Roedd esgobion o Brydain yn mynd at gynghorau hefyd yn ystod y bedwaredd ganrif. Mae'n bur debyg fod esgobion Prydain wedi galw synod neu gyngor er mwyn diogelu ac adfywio bywyd yr Eglwys. Prif ddiben synodau a chynghorau lleol yn nhraddodiad y Gorllewin oedd sicrhau fod athrawiaeth y Cynghorau Cyffredinol a thraddodiadau hynafol yr Eglwys yn dod yn rhan o fywyd bob dydd ar draws y byd Cristnogol. Mae hyn yn wir am synodau a chynghorau hyd heddiw hefyd, wrth gwrs.

Mae *Llyfr Llandaf* yn hawlio awdurdod dros eglwysi Dyfrig, llawer ohonynt yn esgobaeth Henffordd, a thros eglwysi Teilo, llawer o'r rheiny yn esgobaeth Mynyw. Eto i gyd, o ddarllen y *Vita* a'r bucheddau cynnar sy'n crybwyll Dyfrig, mae'n deg casglu ei fod yn perthyn i genhedlaeth o eglwyswyr a fodolai cyn dyddiau Illtud. Sonnir iddo gael ei gysegru'n esgob gan Garmon ond mae hynny'n bur annhebygol. Gallai hyn fod yn gyfeiriad at yr ad-drefnu a ddaeth yn sgîl ymweliadau'r sant o Auxerre â Phrydain. Roedd Dyfrig yn perthyn i draddodiad uniongred Garmon ac eglwysi Gâl.

Erbyn canol y chweched ganrif, roedd y cyfnod o heddwch a ddilynodd frwydr Mynydd Baddon wedi dod i ben. Roedd y Saeson yn gwthio tua'r gorllewin a'r gogledd gyda Phrydain Rufeinig bellach yr ochr yma i Fôr Hafren ac ar hyd arfordir y gorllewin a deheudir yr Alban. Yn nhaleithiau Euas ac Erging y lleolir eglwysi Dyfrig. Roedd hanner cyntaf y ganrif yn gyfnod o drai ar grefydd yn ôl Gildas ac mae'r traddodiadau am Dyfrig yn awgrymu fod hyn yn wir. Sonnir amdano'n cysegru esgobion y Deheudir, a chysegru Deiniol a'i benodi'n esgob Bangor. Awgryma hyn oll mai ef yw'r ddolen sy'n cysylltu adfeilion Cristnogaeth yr Ymerodraeth â'r mudiad newydd y mae holl seintiau'r chweched ganrif yn perthyn iddo. Os felly, roedd Dyfrig yn perthyn i ail hanner y bumed ganrif a blynyddoedd cynnar y chweched, a gwaddod treftadaeth, crefydd a dysg yr Ymerodraeth yn aros o hyd.

Athro'r Seintiau

Erbyn y chweched ganrif roedd mynachaeth wedi cyrraedd Cymru gan ymsefydlu'n rym ym mywyd yr Eglwys. Roedd Tathan wedi dod o Iwerddon a chodi ysgol a meithrinfa i fynaich yng Nghaer-went. Mae tystiolaeth Gildas yn edliw i Maelgwn Gwynedd gilio ar fywyd o foli Duw a dod yn dreisiwr ar yr Eglwys. Ychwanega Gildas fod hyn wedi digwydd er gwaetha'r ffaith iddo gael athro a oedd yn '(d)dysgawdwr huotlaf bron drwy holl Brydain'. Yn ôl ei arfer, nid yw Gildas yn enwi'r athro enwog ond mae haneswyr yn unfryd unfarn mai Illtud ydoedd. A chofio fod Maelgwn Gwynedd wedi marw yn 547, gellir amcangyfrif yn weddol hyderus mai rhywbryd yn ystod ail hanner y ganrif flaenorol y ganed Illtud.

Mewn dogfen a ysgrifennwyd yn Nôl, Llydaw tua 610, sef *Vita Samsonis*, ceir y manylion cynharaf a gofnodwyd am Illtud. Dywedir bod rhieni Samson wedi mynd â'u plentyn i ysgol athro enwog y Brythoniaid, at ŵr o'r enw 'Eltut'. Ystyriai awdur y *Vita*, fel Gildas, mai Illtud oedd athro enwog Prydain oll a'r Brythoniaid. Mae hyn yn tystio i le allweddol Illtud yn natblygiad y gyfundrefn addysgol ac eglwysig a roes fod i'r adfywiad yng Nghymru'r chweched ganrif. Dywed y *Vita* fod yr Eltut hwn yn ddisgybl i Garmon ac iddo gael ei ordeinio'n offeiriad ganddo. Yn y bucheddau Cymreig, cymysgir Garmon o Auxerre a Garmon o Baris; eto nid oes amheuaeth mai at amddiffynnwr enwog y Ffydd ac arweinydd y Cristnogion ffyddlon ym mrwydr yr Aleliwa y cyfeirir yma.

Fe ddywed awdur y *Vita* mai Eltut 'oedd y dysgedicaf o'r holl Frythoniaid, yn ei wybodaeth o'r Ysgrythur, yn Hen Destament a'r Testament Newydd, ac ymhob cangen o athroniaeth – barddoniaeth, rhethreg, gramadeg a rhifyddeg'. Addysg yn nhraddodiad ysgolion yr Ymerodraeth a gafodd Illtud.

Roedd cyfundrefn y *trivium* a'r *quadrivium* yn sail i waith yr ysgolion o hyd, sail a fyddai'n parhau yn ei fri hyd at bedwerydd Cyngor y Lateran yn 1215 ac ar ôl hynny. Mae'r *Vita* yn sôn hefyd am farwolaeth Eltut, hanes a gafwyd 'gan y brodyr Catholig yn y lle hwnnw', sef ym mynachlog Llanilltud Fawr. Y traddodiad yn y seithfed ganrif felly oedd i Illtud farw yn ei fynachlog fawr. Yn ddiweddarach byddai eglwysi eraill a oedd yn dwyn ei enw yn hawlio'r fraint honno.

Yn yr *Historia Brittonum* a briodolir i Nennius, gwaith sy'n perthyn i'r wythfed ganrif, ceir stori hynod am achlysur codi eglwys gan Illtud yn Ystumllwynarth. Erbyn hynny felly, roedd gan fynachlog Illtud le ym Mro Gŵyr. Claddwyd esgob neu offeiriad anhysbys yno a rhoddwyd anrhydedd arbennig yno i Illtud. Yn ôl y stori roedd rhyw bennaeth (*regulus*) wedi profi'r gwirionedd o dynnu ffon o gwmpas yr allor wyrthiol. Cyfeiriad sydd yma at hen arfer cyntefig a oroesodd yn y Dwyrain a'r Gorllewin, yng nghrefydd Islam fel yng Nghristnogaeth, sef yr arfer o dyngu llw ar fedd proffwyd neu ŵr sanctaidd. Yn yr Oesoedd Canol, tyngwyd llwon yn ddeddfol ddwys ar fedd Teilo yn Llandaf. Gan fod dedfryd llys a hawl i dir ac eiddo yn enwedig yn dibynnu ar wirionedd tystion a thystiolaeth, daeth cysegredigrwydd llwon yn hanfodol.

Yn y ddeuddegfed ganrif, cyfansoddwyd buchedd i Illtud gan glerigwr yn Llanilltud Fawr. Erbyn hynny roedd y Normaniaid yn ddylanwad yn ne Cymru ac yn eu tyb hwy roedd cyflwr yr Eglwys yn echrydus. Roedd yr arfer o drosglwyddo eiddo'r hen fynachlogydd i ofal lleygwyr yn gwbl annerbyniol. Diddymwyd y clas Cymreig ac er iddynt gadw'r enw, canoniaid clerigol ac nid lleygwyr oedd i reoli a gweinyddu tir a bywyd eglwysig. Trowyd mynachlog Illtud yn eglwys golegol, sef eglwys bwysig dan reolaeth cabidwl o ganonwyr. I'r clerigwyr hyn, roedd hawl hanesyddol y fynachlog neu'r eglwys i'w thir a'i meddiannau o'r pwys mwyaf. Nid yw'n syndod felly fod y canoniaid Normanaidd yn casglu hanesion a chof traddodiadol y bobl am seintiau'r chweched ganrif. Enghraifft nodedig o'r datblygiad hwn yw'r ddogfen 'Braint Teilo' yn *Llyfr Llandaf* a buchedd y sant hwnnw, sy'n profi fod arfer gynhenid y tu ôl i hawliau ac awdurdod esgob Llandaf. Erbyn diwedd y ddeuddegfed ganrif, casglwyd bucheddau seintiau Cymru ynghyd ym mhriordy Aberhonddu. Cyfansoddiad tebyg yw *Vita Santi Iltutis Abbatis*, sef clytwaith o chwedlau a thraddodiadau am Lanilltud Fawr. Yn wahanol i fucheddau eraill, nid yw'r awdur yn hawlio siarteri i'r fynachlog. A derbyn tystiolaeth y fuchedd, roedd Llanilltud Fawr bellach o dan nawdd Normanaidd. Ym mhennod 26 ceir hanes cyrch gan 'wŷr y Gogledd', pan oedd 'Robert FitzHaimon yn rheoli Morgannwg'. Bellach, er pwysiced hynafiaeth y sefydliad mynachaidd, roedd Llanilltud Fawr yn ddiogel dan nawdd yr esgob a thywysogion Normanaidd Gwlad Forgan.

Yn ôl y fuchedd hon, roedd Illtud yn ŵr o dras frenhinol. Fe'i haddysgwyd yn saith cangen gwybodaeth a chelfyddyd gan gadw'r cyfan ar ei gof. Derbyniodd hefyd 'bum allwedd gwybodaeth' ac ef oedd yr huotlaf o holl blant Gâl. Daeth yn filwr ac yn arweinydd milwyr. Gan ei fod yn berthynas gwaed i'r brenin Arthur, fe ymadawodd â Llydaw a chroesi i Brydain. Roedd eisoes yn briod â gwraig rinweddol o'r enw Trynihid a oedd yn gydymaith iddo ar ei deithiau, ac fe dderbyniodd nawdd a serch y brenin.

Un tro, wrth hela ym Morgannwg, daeth y milwyr brenhinol i fro

Cadog. Yn eu trahauster, anfonasant neges fygythiol at y sant. Gyda'r gallu hwnnw a oedd yn perthyn i nifer o seintiau Cymru, parodd Cadog i'r ddaear lyncu'r milwyr. Nid oedd Illtud gyda nhw ar y pryd a phan ddychwelodd, mawr oedd ei syndod o ganfod eu ffawd. Cyngor Cadog oedd iddo roi'r gorau i filwriaeth a chysegru ei fywyd i wasanaethu ei Greawdwr. Cyn iddo gael ei dderbyn yn fynach gan Dyfrig, esgob Llandaf, sonnir amdano'n gadael ei wraig. Yn ddiweddarach yn y fuchedd, mae'r 'fenyw ddiwair iawn' yn ymweld â'r Abad Illtud. Roedd hi bellach yn byw yn y mynyddoedd a chariad at y Drindod yn llawenydd ei bywyd. Cododd gell (*habitaculum*) a betws i weini ar y tlodion a chynorthwyo gweddwon a lleianod.

Mae Wade-Evans yn dyddio'r fuchedd yn ei ffurf bresennol i oddeutu 1140 ac mae'r cyfeiriadau at wraig Illtud yn ategu hyn. Arfer yn deillio o'r Testament Newydd oedd dewis diaconiaid, offeiriaid ac esgobion o blith dynion priod (gw. 1 Tim 3, 1-13) ac amod eu hordeinio oedd eu bod yn ymgysegru i fyw bywyd diwair weddill eu dyddiau. Golygai hyn fod y gŵr a etholwyd yn sicrhau cytundeb ei wraig ac yn sicrhau trefniant teilwng iddi hithau weddill ei dyddiau. Parhaodd yr arfer yn sicr hyd at y drydedd ganrif ar ddeg. Mae'r canolfannau eglwysig i weddwon a lleiandai gryn dipyn yn hŷn na'r mynachdai a'r abatai. Roedd Cyngor Cyntaf y Lateran yn 1123 wedi cadarnhau'r hen ddisgyblaeth. Un o frwydrau'r Eglwys o'i dechreuad yw ceisio sicrhau bod offeiriaid di-briod a diwair yn ffaith ac nid yn ddelfryd yn unig. Ceisiodd y Normaniaid adfer y ddisgyblaeth hon yng Nghymru ac Iwerddon. Disgwylid i fynaich a mynachlogydd arwain y gad a hwythau wedi proffesu'r tair adduned sef tlodi, diweirdeb ac ufudd-dod.

Mae bucheddau'r seintiau yn adlewyrchu pryderon a gobeithion cyfnod eu cyfansoddi.

Nawddsant Cymru

Yn ddiddorol iawn, yn y Croniclau Gwyddelig y ceir y cyfeiriadau cynharaf at nawddsant Cymru. Islaw digwyddiadau'r flwyddyn 588 mae Tirechan yn crybwyll 'Dauid Cille Muine', gan gyfeirio at ei farwolaeth mae'n debyg. Yng Nghroniclau Inisfallen, islaw'r flwyddyn 589, gwelir 'Quies Dauid Cille Muine'. Yn ôl Sieffre o Fynwy,

> Yr amser oedd hwnnw, dwy flynydded a dau ugain a phum cant wedi geni mab Duw o'r Arglwyddes Fair Wyry. Ac yn yr amser hwnnw, yr aeth Dewi gwynfydedig archesgob Caerllion-ar-Wysg o'r byd hwn i orffwys ac i Fynyw mewn mynachlog a seiliasai ei hun yn ei fywyd y'i claddwyd.

Dyma osod y Dewi hanesyddol a'r holl chwedlau a gysylltwyd ag ef ochr yn ochr â'i gilydd.

Barn Syr J.E. Lloyd oedd fod Dewi wedi'i eni tua 520. Yn ôl y traddodiadau, tywysog o Geredigion o'r enw Sant oedd ei dad a Non oedd ei fam ac fe'i bedyddiwyd gan Aelfyw, esgob Mynyw, ond ychydig iawn a wyddom i sicrwydd am ei fywyd. Ysgrifennodd Rhigyfarch ei fuchedd enwog yn ystod yr unfed ganrif ar ddeg ond y dystiolaeth gynharaf a phwysicaf o ddigon yw'r nifer o eglwysi sy'n dwyn ei enw, a'u lleoliad – mae mwy na hanner cant ohonynt a'r cyfan yn ne Cymru. Mae'n arwyddocaol hefyd nad oes yr un eglwys hynafol yn dwyn ei enw yng ngogledd Ceredigion.

Barn ysgolheigion yw nad oedd y *foederati* a symudwyd i ogledd Cymru, sef Cunedda a'i feibion, wedi estyn eu dylanwad ymhellach i'r de na'r canolbarth. Roedd llwyth y Deisi o Iwerddon wedi creu brenhiniaeth ym Mhenfro ers y bedwaredd ganrif. O ddarllen Buchedd Dewi a bucheddau eraill, roedd y cenhadu Cristnogol yr ochr isaf i afon Teifi yn gorfod wynebu'r sefydliadau Gwyddelig a oedd, mae'n debyg, o hyd yn baganaidd. Er yr holl gyfathrachu â chanolfannau seintiau Iwerddon, gartref, bu'n rhaid wynebu'r ffaith nad oedd pawb yng ngorllewin Prydain yn eu hystyried eu hunain ymhlith y Rhufeinwyr duwiol y sonia Padrig amdanynt. Ac os yw N.K. Chadwick yn gywir wrth honni fod Buchedd Brigid yn profi fod derwyddon yn dal yn ddylanwadol yn Iwerddon yn ystod ieuenctid Brigid, sef yn niwedd y bumed ganrif, nid oedd y grefydd Geltaidd baganaidd wedi ddiflannu'n llwyr o'r wlad honno yng nghyfnod Dewi.

Rhaid i bawb a fyn drafod y Dewi hanesyddol roi sylw i Fuchedd Rhigyfarch. Bwriad yr awdur oedd dangos hynafiaeth ac awdurdod mynachlog a Sedd Dewi, sef Mynyw. Erbyn dyfodiad y Normaniaid, roedd tiriogaeth a ffiniau awdurdod esgob yn gysylltiedig â'r brenhinoedd a'r tywysogion brodorol. Rhaid pwysleisio hefyd fod yr ymwybyddiaeth o natur yr Eglwys a'r athrawiaeth a oedd yn sail i'w holl gyfundrefn yn dir cyffredin i bawb ar draws gwledydd Cred. Rhywbeth a ddatblygwyd oherwydd rhesymau gwleidyddol yn rhagdraethau Thomas Cromwell i ddeddfwriaeth chwyldroadol Harri'r Wythfed yw'r syniad o arwahanrwydd eglwysig ym Mhrydain cyn dyfodiad y Normaniaid, a rhywbeth a ddigwyddodd yn sgîl y Diwygiad oedd unffurfiaeth a chysondeb trefn ar draws yr Eglwys. Y drefn Rufeinig a oroesodd o gyfnod yr Ymerodraeth yng Nghymru, hyd yn oed pan newidiwyd y drefn honno ar gyfandir Ewrop. Yn hyn o beth roedd yr Eglwys ym Mhrydain yn fwy ceidwadol ac yn llai mentrus na'r Eglwys yn Iwerddon.

Mewn traddodiad sy'n hŷn na Buchedd Rhigyfarch, mae Dewi ynghyd â Theilo a Phadarn yn ddisgyblion i Illtud, ond ni ddylid cymryd yn ganiataol nad oedd Rhigyfarch neu Dyddewi yn ymwybodol o'r traddodiad hwn. Yr unig beth y gellir ei ddweud yn bendant yw nad oedd traddodiad felly yn berthnasol nac o gymorth i'r sawl a ddymunai ddyrchafu Sedd Mynyw uwchlaw pob sedd esgobol arall yng Nghymru a'i gosod yn gydradd â Sedd Caergaint ei hun.

Gellir gweld dylanwad Tyddewi a phwysigrwydd Dewi yn tyfu yng Nghymru a'r tu hwnt iddi cyn bod Gwilym Goncwerwr wedi dod ar wib neu bererindod i Dyddewi yn 1081. Yn ôl buchedd y Brenin Alffred, galwodd y brenin ar Asser 'o bellafoedd eithaf gorllewin Cymru' ac mae'r *Anglo-Saxon Chronicle* yn sôn am fynachlog a *parrochia* Dewi. Erbyn hynny, roedd bri Dewi wedi ymledu i Wessex, a mynachlog Glastonbury yn hawlio fod yno greiriau'n perthyn i'r sant o Fynyw. Mae'r hen gerdd Gymraeg 'Armes Prydein', y dywed Syr Ifor Williams fod raid ei dyddio cyn 937, yn proffwydo y bydd cynghrair o'r Cymry a gwŷr Dulyn yn gyrru'r Saeson o'r Ynys ac yn gorymdeithio i'r gad dan nawdd Dewi, 'A lluman glân Dewi a ddyrchafant'.

Yn y fuchedd, dewisir y rhannau hynny o'r traddodiad sy'n dangos y sant encilgar yn rhagori ar ei holl gyfoeswyr. Pan gynhaliwyd y Synod yn Llanddewibrefi, aros yn ei fynachlog a wnaeth Dewi; Dyfrig a Deinio, yn ôl Rhigyfarch, a'i ddarbwyllodd i ddod yno. Yn ôl gwybodaeth cyfoeswyr yr awdur, sylweddolodd esgobion Llandaf a Bangor mai Esgob Mynyw oedd y doethaf a'r sancteiddiaf ohonynt oll. Hefyd, yn ôl Rhigyfarch, roedd Dewi wedi treulio cyfnod ar ôl ei ordeinio gyda Paulinus, disgybl Garmon. Yn ofalus iawn, mae'r awdur yn gosod Dewi yn olyniaeth uniongyrchol yr arwyr Cristnogol hynny a oedd wedi sicrhau parhad y

Ffydd ym Mhrydain a sicrhau uniongrededd a ffyddlondeb ei hathrawiaeth.

Ystumio Traddodiadau Sant

Yn Eglwys Gadeiriol Caerlwytgoed yn Lloegr, cedwir y llawysgrif a adwaenir fel *Llyfr Chad*. Testun efengylau Mathew a Marc a rhannau o Luc yw cynnwys y llawysgrif. Mae'n debyg mai yn Iwerddon y copïwyd y testun, a hynny tua 700 O.C., ond fe fu ar un adeg yn un o eglwysi Teilo yng Nghymru. Ceir rhai glosau Cymraeg ac ychwanegiadau ymyl-y-ddalen yn ymwneud â materion Cymreig. Dywedir bod y llyfr wedi ei offrymu i Dduw 'ar allor Teilo'. Ynddo fe gofnodir darn o hen ddogfen gyfreithiol yn deddfu ar berchnogaeth tir, gyda Teilo'n dyst cyntaf i'r cytundeb terfynol. Enwir tystion eraill ac yna 'holl deulu Teilo'. Mae'n debyg mai'r Abad-esgob a holl fynaich y sefydliad oedd y rhain.

Ni wyddom pryd y symudwyd y llawysgrif i Loegr ond mae'n rhaid bod y llyfr yng Nghymru tan ganrif olaf y milflwydd cyntaf, cyn dyfod y Normaniaid i Brydain a chyn cyfansoddi'r bucheddau a gadwyd yng nghasgliad *Cotton Vesp A xiv* sydd yn yr Amgueddfa Brydeinig. Nid yw *Llyfr Chad* yn rhoi dim o hanes Teilo inni ond fe noda fod mynachlog bwysig yng Nghymru ac esgob talaith yn hawlio enw'r sant. Allor Teilo sydd yn eglwys y fynachlog a'i deulu yw'r trigolion, a'r rheiny dan arweiniad esgob Teilo.

Byddai awdurdod esgob a thiriogaeth ei sedd esgobol yn amrywio yn ôl helyntion y brenin lleol a roddai nawdd ac amddiffyniad i'r eglwys. Pan laddwyd Caradog yn 1081 wrth ymgyrchu i estyn ei diroedd i'r Gorllewin, daeth y Concwerwr yn syth i dde Cymru a chyrchu Tyddewi. Byddai dylanwad yr arglwyddi Normanaidd yn bwysig o hynny ymlaen ym mhob agwedd ar fywyd yng Nghymru ac ym mywyd yr Eglwys. Urban (1107-1139) oedd y cyntaf i alw ei hun yn esgob Llandaf, a hynny mewn dogfen a anfonodd at y Pab Callixtus II yn 1119. Cyn hynny galwai ei hun yn Esgob Morgannwg. Ond esgobion Teilo oedd ei holl ragflaenwyr. Prif fynachlog Teilo oedd Llandeilo Fawr ac yno y'i claddwyd. Yr Esgob Josef a fu farw yn 1045 oedd yr un a symudodd i fyw i Landaf a chanoli ei waith bugeilio ar y clas a'r llan yno.

Pan ddaeth Urban i'w swydd, ei uchelgais oedd estyn tiroedd ei esgobaeth i'r gorllewin ac i'r dwyrain a sicrhau fod pwysigrwydd Llandaf yng Nghymru yn cael ei gydnabod gan bawb. I sicrhau hyn aeth yr esgob a'i gydweithwyr ati i gasglu'r hen ddogfennau ynghyd gan ychwanegu atynt a'u hystumio i'w ddibenion a'i uchelgais eglwysig ei hun. Roedd Urban wedi ei gysegru yng Nghaergaint gan Anselm yn 1107. Ychydig a glywir amdano am ddeuddeng mlynedd – cyfnod yr holl gasglu a'r dosbarthu ar y dogfennau a roddwyd ynghyd dan y teitl *Llyfr Llandaf*. Yn *Llyfr Llandaf*, ac yn rhan hanfodol ohono, gwelir Buchedd Teilo, cyfansoddiad hir, llafurfawr. Gan ddefnyddio hen ddogfennau, traddodiadau llafar a bucheddau seintiau eraill, mae'n 'profi' hawl esgobaeth Llandaf ar diroedd a phlwyfi yn ymestyn o Gydweli hyd at Euas ac Erging yn esgobaeth Henffordd.

O gofio cefndir a diben *Llyfr Llandaf,* rhaid bod yn ofalus iawn wrth geisio dehongli cynnwys Buchedd Teilo. Sonnir bod Teilo wedi dysgu'r Ysgrythur wrth draed Dyfrig pan oedd yn blentyn a'i fod ef a Samson yn ddisgyblion i'r hen wron. Yn ôl y Fuchedd, Dyfrig a ganfu allu'r disgybl, gan farnu ei fod yn gydradd ag ef ei hun a phenderfynu mai Teilo a ddylai fod yn olynydd iddo yn ei athrofa (*magisterium*). Yn ôl traddodiad arall roedd Teilo yn ddisgybl i Paulinus Aurelianus ac mae *Llyfr Llandaf* yn cyfuno'r ddau honiad.

Mae'r berthynas rhwng Teilo a Dewi yn hynod ddiddorol. Roedd Rhigyfarch yr un mor benderfynol o brofi blaenoriaeth Mynyw, a bod Dewi'n rhagori ar ei holl gyfoeswyr. Yn y *Vita,* nodir bod Dewi'n ddisgybl i Paulinus a Teilo'n un o dri disgybl ffyddlon Dewi. Yn ôl *Llyfr Llandaf,* ar ôl bod yn ddisgybl i Dyfrig a Paulinus yr aeth Teilo i aros gyda Dewi yng Nghaerfyrddin ac ym Mynyw. Roedd Teilo eisoes wedi cyfeillachu â Dewi tra oedd yn aros gyda Paulinus ac roedd ef a Dewi o'r un feddwl ym mhob peth, gan ddymuno'r un pethau ac ymwrthod â'r un pethau.

Ym Muchedd Teilo, sonnir am Teilo'n cilio i 'barthau pellennig' oherwydd y pla melyn. Fe wyddom fod Maelgwn Gwynedd wedi marw o'r pla hwnnw a bod yr haint wedi parhau yn y tir rhwng 547 a 550 O.C. Yn ôl Buchedd Illtud, i Lydaw yr aeth Teilo.

Hyd y gwelwn ni heddiw, mae Dewi a Teilo yn seintiau hanesyddol o'r chweched ganrif a'r ddau yn gyfoeswyr. Mae'r bucheddau'n cadw traddodiad dilys amdanynt. Serch hynny, yr anhawster a'r her i ni yw ceisio ymwthio y tu ôl i'r traddodiadau amdanynt ac i ystyriaethau cwbl ymarferol yr awduron, er mwyn darganfod y dynion cig a gwaed sydd mor bwysig yn ffurfiant ein cenedl.

Bucheddau'r Seintiau

Cynsail bucheddau seintiau pob gwlad oedd y darlleniadau a baratowyd ers y dyddiau cynnar iawn i'w darllen yng ngwasanaeth y plygain. Rhan o addoliad cyhoeddus yr Eglwys yw'r plygain a'i nod yw moli Duw, nid canu clod unigolion. Diben y darlleniadau hyn yw moli Duw yn Ei seintiau a dangos Ei ras ar waith yn y byd ac yn Ei weision. Gosod delfryd gerbron y gwrandawyr o fywyd yng Nghrist a fwriedir, nid cynnig disgrifiad ffeithiol o fuchedd unrhyw unigolyn meidrol. Un wedd ar y traddodiad hynafol hwn ymhlith Cristnogion yw'r traddodiad mawl mewn llenyddiaeth Gymraeg.

Ffurf lenyddol a ddatblygwyd yn Lladin ar lun y traddodiad clasurol o adrodd a rhestru rhinweddau'r duwiau oedd y *Vita*. Mae pob cenedl dan haul wedi trysori a throsglwyddo'r cof am orchestion a champau ei harwyr. O fewn cymunedau Cristnogol, peth cwbl naturiol oedd i'r arfer hon esgor ar ddulliau o goffáu arwyr y Ffydd. Yn ogystal â Mair a'r apostolion, anrhydeddwyd cenhadon arbennig, sylfaenwyr eglwysi lleol a merthyron drwy gysegru eglwysi iddynt a chadw eu henwau yn y capeli a'r eglwysi a gadwai greiriau'r seintiau. Cadwyd traddodiadau amdanynt ar gof y bobl ac yn eu llên, boed honno'n llafar neu'n ysgrifenedig. Dylid nodi hefyd bod cwlt sant yn cael ei ddefnyddio i ddisodli arferion a choelion paganaidd yn aml, a'r storïau a adroddid gynt am dduwiau a chewri yn cael eu priodoli i'r arwr Cristnogol.

Fe ysgrifennwyd bucheddau yn Llydaw o'r seithfed ganrif ymlaen ac fe geir enghreifftiau o Iwerddon o'r un cyfnod. Yn y ganrif ddilynol dechreuwyd paratoi bucheddau yn Lloegr. Roedd y darlleniadau litwrgïaidd yn hŷn o dipyn na'r rhain.

Yn ôl yr athrawiaeth Gatholig, mae cyflawnder Eglwys Crist yn bod lle bynnag y ceir esgob a chymuned o bobl dan ei ofal. Yn ystod yr amseroedd terfysglyd a ddilynodd gwymp yr Ymerodraeth a'i threfn, gwelwyd dinasoedd a threfi heb unrhyw system o weinyddu'r gyfraith nac o gadw trefn ar fywyd y gymdeithas. Yr unig ffigwr cyhoeddus a gâi barch ac ymddiriedaeth y bobl oedd yr esgob. Yn y gwledydd a oedd heb drefn Rufeinig, daeth abadau ac abadesau yn arweinwyr cymunedau, yn faterol yn ogystal ag yn ysbrydol. Ysgrifennodd Grigor Fawr (540-604), y Pab a anfonodd Awstin i Loegr:

> Fe'm gorfodir i ystyried cwestiynau sydd yn ymwneud ag eglwysi a mynachlogydd. Yn aml, rhaid imi fod yn farnwr ar fywydau a gweithredoedd unigolion. Ar un adeg, rhaid imi dderbyn rhan mewn materion dinesig; yna, yr wyf yn gofidio oherwydd ymgyrchoedd y

barbariaid, gan ofni'r llewod sydd yn bygwth y praidd a roddwyd i'm gofal. Rhaid imi dderbyn cyfrifoldeb gwleidyddol er mwyn cefnogi'r rhai sydd yn diogelu'r drefn gyfreithiol. Rhaid imi ddygymod yn amyneddgar ag erchyllterau lladron ac yna eu gwrthsefyll, a hynyna mewn cariad.

Wrth bregethu ar yr adnod o Efengyl Mathew 9, 37, gofidiai'r Pab fod y byd yn llawn o offeiriaid ond mai dim ond ychydig iawn ohonynt oedd wrth eu priod waith yng nghynhaeaf yr Arglwydd. Roedd byd ysbrydol yr Eglwys a chyfrifoldebau'r byd seciwlar yn gymysg oll i gyd. Adlewyrchir hyn yn hanes cythryblus yr Eglwys ac ym mucheddau'r seintiau.

Yn y gwledydd Celtaidd, y fynachlog a ddaeth yn ganolfan ac yn ffocws bywyd y cymunedau Cristnogol. Yng Nghymru, wrth i'r esgob gadw'i bwysigrwydd a'i ddylanwad – yn weinyddol yn ogystal ag yn sagrafennaidd – arhosodd y cof am abadau, ac yn enwedig am yr abadau-esgobion fel amddiffynwyr ac arweinwyr y bobl. Wrth i gwlt cyhoeddus grynhoi o amgylch y seintiau, priodolwyd iddynt rinweddau a galluoedd a berthynai i batriarchiaid a phroffwydi'r Hen Destament ac i'r apostolion a'u cydweithwyr yn y Testament Newydd.

Mae testunau'r bucheddau Cymreig bron i gyd yn perthyn i'r ddeuddegfed ganrif. Yn sicr, fe seiliwyd y fersiynau sydd gennym ar destunau a thraddodiadau hŷn, ond ar gyfer eu cyfnod y cyfansoddwyd y bucheddau sydd gennym ni heddiw. Mae'r mwyafrif ohonynt i'w gweld yn y llawysgrif a adwaenir fel ***Cotton Vespasian A xiv*** yn yr Amgueddfa Brydeinig. Argraffwyd cynnwys y llawysgrif yn 1944 yn y gyfrol a olygwyd ar gyfer Gwasg Prifysgol Cymru gan y Parch A.W. Wade-Evans, *Vitae Sanctorum Britanniae et Genealogiae*. Credir mai yn Aberhonddu y casglwyd y bucheddau hyn ynghyd, a hynny tua 1200 O.C. Roedd y Normaniaid eisoes yn rym ym mywyd tywysogaethau ac esgobaethau Cymru. Profi hynafiaeth yr eglwysi a'u hawl i'w tiroedd oedd un o amcanion canolog yr holl brysurdeb yn Aberhonddu. Ers y cytundeb yn Westminster yn 1107, bu'n rhaid i esgob dalu gwrogaeth i'w Arglwydd am feddiannau tymhorol yr esgobaeth.

Yn *Llyfr Llandaf,* ceir amryw fucheddau ynghyd â llawer o hen ddogfennau a ddaeth i feddiant yr esgob dros y canrifoedd ac a gadwyd yn yr eglwys yn Llandaf ac mewn mannau eraill. Gosodwyd trefn ar yr holl ddeunyddiau yn ystod y blynyddoedd rhwng cysegru Urban yn esgob gan Anselm yn 1107 a dechrau ei ymgyrch fawr yn 1119 i ddyrchafu ei esgobaeth uwchlaw holl eglwysi Cymru.

Roedd natur y breniniaethau a threfn etifeddu Cyfraith Hywel wedi creu sefyllfa gymysglyd i'r Eglwys yng Nghymru. Ar y dechrau, trefn fynachaidd oedd i'r esgobaethau ac i awdurdod esgobion. Rywbryd yn ystod yr Oesoedd Tywyll, a hynny'n raddol ac yn weddol gynnar, daeth awdurdod a rhyddid esgob i ddibynnu ar reolaeth y brenin lleol. Pan benodwyd Herwald, rhagflaenydd Urban, yn esgob Teilo yn 1056, cofnodwyd ei fod wedi ei ethol gan glerigwyr Morgannwg dan nawdd brenin Morgannwg a'i uwch-Arglwydd ef, sef Gruffudd ap Llywelyn o Wynedd. Roedd Morgannwg wedi bod heb esgob ers marwolaeth Joseph yn Rhufain yn 1045. Roedd yr ansicrwydd hwn ynglŷn â dewis esgob a'r ffaith y gallai terfynau brenhiniaeth ac awdurdod effeithiol esgob newid yn ofid yn yr eglwys ac yn annerbyniol i Anselm a diwygwyr eraill. Ac nid yng Nghymru yn unig y cafwyd anawsterau i lenwi sedd esgob. Roedd Caergaint ei hun wedi bod yn wag am bedair blynedd cyn dewis Anselm yn archesgob.

Aeth yr holl fater o hawl brenhinoedd i benodi esgobion yn ymrafael cyhoeddus yn ystod chwarter olaf yr unfed ganrif ar ddeg, sef Anghydfod yr Arwisgo yn ôl yr haneswyr. Ystyr arwisgo oedd hawl y brenhinoedd i roi i esgob ei fodrwy a'i ffon esgobol, sef arwyddion allanol ei swydd a'i awdurdod. Roedd Anselm yn Lloegr yng nghanol yr holl frwydr rhwng Pab Rhufain a'r Ymerawdwr a rhwng y Pab a brenhinoedd Normanaidd Lloegr a brenin Ffrainc. Yn 1100, gwrthododd Anselm dalu gwrogaeth i'r brenin. Cafwyd cytundeb o fath yn 1122. Er i'r Babaeth ennill y frwydr, dal i ymyrryd yn y dewis o esgobion a wnaeth brenhinoedd a thywysogion. O safbwynt Cymru a'r bucheddau, daeth lle a llais archesgobion yn allweddol yn y dewis hwn.

Dyma gefndir y bucheddau sydd gennym ni heddiw. Roedd pwysigrwydd yn perthyn i Dyddewi neu Landaf bellach, nid yn unig i wŷr yr Eglwys ond i arglwyddi a brenhinoedd Cymru hefyd. Roedd hawl yr eglwysi i'w tiroedd a'u breintiau yn bwysig, yn ogystal â gallu profi eu bod yn annibynnol ar ewyllys y brenin cyfoes ac roedd yr un mor bwysig yn erbyn honiadau a thraha Arglwyddi Normanaidd a thywysogion brodorol. Roedd yr ystyriaethau hyn o'r pwys mwyaf yn y deheudir a oedd, erbyn y ddeuddegfed ganrif, mor agored i'r Normaniaid, ond nid ym Morgannwg a'r Deheubarth yn unig. Gwelir bucheddau seintiau Powys a Gwynedd ymhlith bucheddau'r *Vest A xiv* yn ogystal.

Calendr Byr

IONAWR

13 Cyndeyrn – Esgob, Cyffeswr

Cyfoeswr i Colm Cille (Columba) o Iona yn y chweched ganrif. Dywed y bucheddau iddo ymweld â Dewi yn ei fynachlog ym Mynyw pan ffodd i Gymru oherwydd gelyniaeth Morcant yn Ystrad Clun. Cysylltir ef â Llanelwy a'i enwi'n athro i Asaff. Mae ei enw wedi aros yn Llangyndeyrn yn sir Gaerfyrddin. Ef yw nawddsant archesgobaeth Glasgow.

24 Cadog – Abad, Esgob, Merthyr

Yn ôl yr achau, Gwynllyw fab Glywys brenin Glywysing (Morgannwg yn fras) oedd ei dad a Gwladus ferch Brychan oedd ei fam. Mae'n enwog am ei ddysg a'i ddoethineb nes bod y fuchedd yn dweud iddo symud i Benevento yn yr Eidal yn ei henaint a newid ei enw i Sofias. Mae hwn yn gyfeiriad amlwg at enwogrwydd a dylanwad abaty Santa Sophia a oedd wedi tyfu – erbyn cyfnod awdur y fuchedd – yn ganolfan o bwys Ewropeaidd.

Llancarfan oedd ei fynachlog bwysicaf. Cysegrwyd nifer o eglwysi iddo ym Morgannwg a Gwent. Fe'i lladdwyd gan y Saeson.

Cadog oedd un o arloeswyr y mudiad mynachaidd ym Mhrydain.

25 Dwynwen – Gwyryf

Un o ferched Brychan. Aeth i Ynys Môn gyda'i chwaer Ceinwen a chododd y ddwy gelloedd yn agos i'w gilydd yno.

Dwynwen yw nawddsant cariadon Cymru. Canodd Dafydd Llwyd o Fathafarn:

> Aeth i Landdwyn at Ddwynwen
> Lawer gŵr o alar Gwen.

29 Gildas – Abad, Cyffeswr

Mynach o'r chweched ganrif ac awdur y llyfr enwog *De Excidio et Conquestu Britanniae*. Yn ôl ei lyfr, cafodd addysg o'r radd flaenaf. Er ei fod yn Frython, neu o bosibl yn Bict, fe ysgrifenna o safbwynt Rhufeinig. Yn hyn o beth, mae'n dyst i barhad a ffyniant cynhysgaeth Rhufain ymhlith y Brythoniaid ymhell ar ôl i'r llengoedd gilio o Brydain.

Mae ei lyfr yn ymrannu'n ddau. Mae'r rhan gyntaf yn arolwg o hanes Prydain yn ystod cyfnod yr Ymerodraeth ac ar ei ôl. Mae'r ail ran, a'r un sylweddol o ran hyd a maint, yn bregeth yn erbyn pechodau'r oes. Roedd Maelgwn Gwynedd (a fu farw o'r pla melyn yn 547) yn dal yn fyw ac yn cynnal ei lys yn Neganwy. Cwyno y mae Gildas fod moesoldeb yr oes yn dirywio a hynny oherwydd gormod o foethusrwydd. Cyfnod o heddwch a ddarlunnir ganddo.

Dywed Gildas iddo gael ei eni yr un flwyddyn â brwydr Mons Badonis, Mynydd Baddon, sef tua 500 O.C. Yn ôl yr achau, Caw o Brydyn oedd ei dad. Cysegrwyd nifer o eglwysi iddo yn Llydaw ac mae'n ddigon posibl mai yno y cyfansoddodd ei lyfr. Go brin y byddai mor hyf ei gondemniad o frenhinoedd Prydain Gristnogol petai'n byw yn eu plith. Yn un o'r bucheddau, dywedir iddo dreulio saith mlynedd ar ynysoedd Ronech ac Achni (sef Flatholm a Steepholm) ym Môr Hafren. Cysylltir yr ynysoedd hyn â chyfnod encilio mynaich wrth iddynt baratoi ar gyfer bywyd o wasanaeth yn enw Crist.

Bu Gildas farw yn Llydaw.

CHWEFROR

1 *Ffraid, Brigid – Gwyryf, Abades*

Y farn gyffredin yw fod Brigid, un o dri nawddsant Iwerddon, yn ei blodau yn hanner cyntaf y chweched ganrif. Cyfansoddwyd ei buchedd yn y seithfed ganrif gan fynach o'r enw Cogitosus. Cyhoeddwyd testun y fuchedd yn *Acta Sanctorum Hiberniae* (Caeredin, Llundain 1888) ac mae llawer o drafod wedi bod arni. Er mor gynnar ydyw, mae'n cynnwys llawer o draddodiadau o'r cyfnod cyn-Gristnogol yn Iwerddon. Yn amlwg, roedd olion paganiaeth ac ofn yr hen dduwiau Celtaidd yn elfennau a oedd yn gyndyn iawn o ildio i bregethau Padrig a'r esgobion a ddaeth ar ei ôl.

O'r dechreuad, bu'n rhaid i'r Eglwys Gristnogol wynebu arferion cysegredig llwythau a phobloedd. Wrth ddod at Grist, roedd traddodiadau canrifoedd yn aros. Yr hyn a wnaethpwyd oedd cadw hen gysegrfannau a dathliadau'r cenhedloedd a'u sancteiddio drwy eu cysylltu â defodau a chewri'r Ffydd. Yr enghraifft fwyaf nodedig o hyn yw dyddiad Gŵyl y Geni.

Yn Iwerddon, cysylltwyd enw Brigid â Brig, duwies y tân, a rhoi ei henw hi yn lle enw'r hen dduwies. Arweiniodd hyn at amheuaeth a oedd y santes yn bodoli o gwbl. Pan ddaeth y Normaniaid i Iwerddon, cawsant fod tân yn llosgi'n ddi-baid o flaen cysegrfan ei mynachlog yn Cill Dara (Kildare). Parhaodd yr arferiad hyd at y Diwygiad Protestannaidd, a hynny er gwaethaf gwaharddiad Archesgob Dulyn yn 1220. Nid ymgais i geisio profi mai ffigwr chwedlonol yw'r santes mo hyn, ond yn hytrach i geisio dangos sut roedd yr hen arferion yn cronni o amgylch cymeriad hanesyddol.

Yn hanes Brigid, fe ddatblygodd y fynachlog yn ganolfan bywyd ysbrydol y wlad. Gan nad oedd canolfannau dinesig a threfol yn y dull Rhufeinig yn Iwerddon, daethpwyd i arfer y gair *civitas* am y mynachlogydd wrth iddynt ddod yn ganolfannau'r holl drefniant eglwysig, ac yno y cafwyd yr esgobion. Yn Iwerddon, er nad yng Nghymru, gallai abad, neu abades fel Brigid, aros yn ben ac yn awdurdod yn y *civitas*. Roedd gwahaniaeth yno rhwng awdurdod urdd ordeiniedig yr esgob ac awdurdod yr abad, rhywbeth a oedd yn estron i bob rhan arall o'r byd Cristnogol a etifeddodd drefn a chyfraith yr Ymerodraeth yn sail i'r drefn eglwysig.

Yng Nghymru, cysegrwyd llawer o eglwysi yn enw Brigid, er bod ffurf yr enw yn amrywio. Gwelir yr eglwysi cynharaf yn y rhannau hynny o Brydain lle'r oedd ymfudwyr o Iwerddon wedi ymsefydlu yn y bumed a'r chweched ganrif. Ceir eglwysi wedi eu cysegru yn enw Brigid ar draws yr holl wledydd Celtaidd. Mae'r Athro E.G. Bowen yn nodi bod y cysegriadau diweddarach yn perthyn yn bennaf i gyfnod ymosodiadau'r Llychlynwyr ac ar ôl hynny. Mae'n dadlau bod y Cymry'n ymwybodol nad santes o Gymraes oedd hi a bod cysylltu'r gair 'sant', fel yn Llansanffraid, ag enw'r eglwys yn dangos hyn. Ceir eglwysi'n dwyn ei henw ar draws Cymru, o Degeingl hyd at Saint-y-brid ym Morgannwg.

9 *Teilo – Abad, Esgob, Cyffeswr*

O holl seintiau hanesyddol y chweched ganrif, yr un anoddaf i wybod dim amdano yw Teilo. Yn sicr, roedd yn gyfoeswr i Dewi Sant a'r ddau yn cael eu cysylltu bob amser â Phadarn. Y tri sant hyn oedd arweinwyr y mudiad mynachaidd a chenhadol ar draws deheudir Cymru. Roedd Teilo'n ddisgybl ym mynachlog Illtud ac fe'i cysylltir hefyd â Paulinus yn Llanddeusant, sir Gaerfyrddin. Mae traddodiad go gadarn iddo dreulio amser gyda Dewi ym Mynyw hefyd. Stori ddiweddarach, hyd y gellir barnu, yw'r un amdano ef a Dewi a Padarn yn mynd ar bererindod i Gaersalem.

Cododd Teilo ei brif sefydliad yn Llandeilo Fawr ac yno y'i claddwyd. Hyd at ddechrau'r ddeuddegfed ganrif, fel esgobion Teilo yr adwaenid esgobion de-ddwyrain Cymru.

Yr eglwysi a'r capeli sy'n dwyn ei enw yw'r dystiolaeth i bwysigrwydd Teilo. Dengys y rhain fod iddo ran yn y genhadaeth effeithiol a ddaeth o orllewin Cymru ac a dramwyodd ar hyd yr hen ffyrdd Rhufeinig i Frycheiniog a Maesyfed ac ymlaen i Went. Roedd Teilo a Dewi nid yn unig yn gyfoeswyr ond yn gyd-weithwyr yn neffroad crefyddol nerthol eu cyfnod.

10 Ffagan – Esgob, Cyffeswr

Yn ôl y chwedl ganoloesol, anfonwyd Ffagan a'i gymrodyr gan y Pab Eleutherius yn ail hanner yr ail ganrif. Mae William o Malmesbury yn ei enwi ef a Dyfan yn ei lyfr ar hanes Glastonbury.

Ar hyd yr Oesoedd Canol, cafwyd llawer ymgais i lenwi'r bwlch yn hanes y Ffydd Gristnogol ym Mhrydain. Daeth Awstin at y Saeson yn 597 ond roedd yr Eglwys yn rhan o dreftadaeth y Brythoniaid heb na chennad na sant i fod yn apostol iddynt. Cysylltwyd enwau Cristnogion cynnar a hanesyddol â'r chwedlau a ddyfeisiwyd. Mae'n bur debyg fod Ffagan yn un o'r rhain. Mae ei enw ar gadw yn enw'r pentref ger Caerdydd yn ogystal ag enw eglwys yn Aberdâr.

17 Curig – Cyffeswr

Sant o'r chweched ganrif a nawddsant Llangurig ym Maldwyn. Mae ei enw ar gadw mewn enw eglwysi yng Nghaerfyrddin ac yn nyffryn Llugwy yn Arfon yn ogystal. Yn amser Gerallt Gymro, trysorid ei ffon esgobol yn St Harmon's ym Maesyfed.

Ni chadwyd dim o'i hanes. Ers yn gynnar iawn, cymysgwyd rhwng y sant o Gymro â'r bachgen Cyricus a ferthyrwyd gyda'i fam yn ystod erledigaeth yr Ymerawdwr Diocletian, erledigaeth a barhaodd o 303 hyd at Orchymyn Milan yn 313. Coffeir sant o'r enw Kirik yn Llydaw ar Chwefror yr 17eg ond rhywun arall oedd hwnnw, mae'n debyg.

Enwir Curig ddwywaith yn y cerddi a briodolir i Huw Cae Llwyd yng nghyfrol Leslie Harries. Mae'r cyfeiriad cyntaf ym marwnad Dafydd Mathew o Radyr (t.47). Wrth alaru am ei anffawd yn 'Cywydd Merch' (t.121), dywed y bardd:

> Didal am dewi ydwyf
> Digon dig wrth Gurig wyf.
> Gwae a ddywed gweddïau
> Ag y sydd wedi'i gasáu!

MAWRTH

1 *Dewi – Abad, Esgob, Cyffeswr*

Gallwn fod yn sicr fod Dewi wedi byw yn ystod y chweched ganrif. Mae tystiolaeth y ffynonellau Gwyddelig yn tystio iddo farw ar Fawrth y 1af, 589. Ym mucheddau seintiau Iwerddon cysylltir Dewi ag enwau Ailbe, Bairre, Declan, Molua, Aidan, Finnian a Senan. Ac eithrio Finnian a'i fynachlog enwog yn Clonard, seintiau â'u prif sefydliadau yn nyffrynnoedd afonydd yw'r rhain. Roedd aberoedd yr afonydd a'r cymoedd ffrwythlon ar hyd yr afonydd yn bwysig iawn i drigolion Cymru ac Iwerddon wrth iddynt deithio yn ôl ac ymlaen ar draws Môr Iwerddon. I'r ymgyrchwyr milwrol a threisgar ac i'r seintiau heddychlon fel ei gilydd, roedd porthladdoedd bychain ac aberoedd afonydd yn hwyluso'r drafnidiaeth rhwng y ddwy wlad. Yn y bumed a'r chweched ganrif, roedd dylanwadau Gwyddelig yn drwm iawn ym Mhenfro; roedd llwyth y Deisi o ardal Waterford wedi ymsefydlu yno cyn geni Dewi. Declan yw prif sant y rhan honno o'r wlad. Felly'r oedd hi gyda'r seintiau eraill hefyd. Aberoedd Slaney yn Loch Garman, y Suir yn Waterford, afon Lee yn Cork ac afonydd eraill de a de-ddwyrain Iwerddon oedd yn hwyluso'r mynd a dod a oedd yn rhan o fywyd a phrofiad Cristnogol y canrifoedd rhwng cenhadaeth Padrig ac ymosodiadau'r Llychlynwyr. Ni ddylid anghofio Shannon ychwaith – afon fwyaf Iwerddon lle y cododd Senan ei gell a'i athrofa. Os aeth Dewi i Iwerddon o gwbl, byddai wedi bod yn Clonard.

Cymanwlad o Gristnogion oedd Cymru ac Iwerddon yn y chweched ganrif a'r môr yn briffordd rhwng y mynachlogydd. Dyna'r rheswm dros ddewis mangre pob sefydliad gan gynnwys mynachlog Dewi ym Mynyw. Mae'n bosibl mai yn Henfynyw yng Ngheredigion y cododd ei gell gyntaf.

Ganed Dewi o fewn cymuned oedd â dylanwadau Gwyddelig cryf arni. O ddarllen y fuchedd ac o wybod am y traddodiadau cynharach, gellir dadlau bod y llwythau Gwyddelig yng Nghymru yn anghristnogol a threisgar. Mae tystiolaeth y cerrig coffa ogam yn dangos bod dwy iaith – yr Wyddeleg neu'r cof amdani, a'r Frythoneg, ynghyd â Lladin dysgedig yn cael eu harfer yn y fro. O gofio cyfnod Dewi, rhaid bod y Frythoneg wedi dadfeilio ymhell erbyn blynyddoedd ei febyd a bod iaith newydd y Gymraeg eisoes yn dechrau ymddangos. Ni ellir dweud beth oedd iaith gyntaf Dewi. Mae'r holl draddodiadau sy'n ei gysylltu ef â seintiau Iwerddon ac sy'n eu cysylltu hwythau â Mynyw yn dangos bod mynaich y ddwy ynys yn deall ei gilydd. Yn sicr, roedd Lladin yn iaith ysgolion, gwasanaethau a dysg y mynachlogydd ond hyd yn oed ymhlith y seintiau, mae cyfathrebu hawdd a diymdrech yn un o hanfodion bywyd bob dydd.

Ym mynachlog Illtud y derbyniodd Dewi ei addysg a'i ffurfiant yn fynach. Wrth iddo anwybyddu hyn a chanolbwyntio ar y cysylltiad â Paulinus ac â chanolfannau dysg a chrefydd yn Iwerddon, mae Rhigyfarch yn pwysleisio agweddau eraill ar brifiant Dewi, gan gadw at brif fyrdwn a diben ei fuchedd ar yr un pryd.

Mae tystiolaeth y Llyfrau Penyd a gysylltir ag enw Dewi yn dweud ei fod yn llym ei ddisgyblaeth, o'i gymharu â'i gyfoeswyr. Awgryma hyn fod y darlun o'i fynaich yn ymwrthod â chymorth anifeiliaid wrth lafurio yn draddodiad dilys. Ategir hyn gan yr enw 'Dyfrwr' a roddir iddo.

Penfro, de Ceredigion a Chaerfyrddin oedd prif faes cenhadu Dewi. Cysegrwyd eglwysi yn ei enw ym Mro Gŵyr, yn nyffrynnoedd Tywi a Gwy ac ym Maesyfed a gorllewin Henffordd. Teithiai Dewi a'i ddisgyblion ar hyd arfordir Môr Hafren ac ar yr hen ffyrdd Rhufeinig wrth alw'r Cymry yn ôl i Grist.

3 Non – Gweddw

Mam Dewi Sant yn ôl y traddodiad. Mae'r eglwysi sy'n cadw ei henw yn yr un ardaloedd ag eglwysi Dewi, yng Ngheredigion a Chaerfyrddin yn bennaf.

Mae murddun capel Non a Ffynnon Non uwchlaw'r môr ger Tyddewi. Mae'n hawdd cyrchu atynt o lwybr arfordir Penfro.

12 Paulus Aurelianus – Esgob, Cyffeswr

Gwelir sawl ffurf ar yr enw Paul yn y bucheddau a'r calendrau Cymreig. Mae'n bur debyg bod nifer o fynaich wedi derbyn neu fabwysiadu enw apostol y cenhedloedd a bod cof annelwig amdanynt wedi aros. (Gweler Tachwedd 24ain isod.)

17 Padrig – Esgob, Cyffeswr

O holl seintiau Prydain a'r gwledydd Celtaidd, Padrig yw'r enwocaf. Ynghyd â'r Gwyddel Columbanus, ef yw'r unig un sydd yng nghalendr cyffredinol yr Eglwys fyd-eang, a dim ond yn ddiweddar yr ychwanegwyd Columbanus.

Mae dwy ddogfen a briodolir i Padrig ac fe ellir eu derbyn yn weithiau dilys y sant hwnnw yn hyderus. Llythyr at Coroticus, arweinydd o Frython, yw un ohonynt a Chyffes Badrig yw'r llall. Ymddengys mai yn y drefn honno y cyfansoddwyd y ddwy. Llythyr yn esgymuno milwyr

Coroticus yw'r ddogfen gyntaf. Mae'n bur debyg mai ateb i esgobion neu abadau ym Mhrydain a wadai hawl Padrig i gosbi Cristnogion y tu allan i Iwerddon yw'r Gyffes. Ynddi mae Padrig, yn null Paul, yn derbyn beirniadaethau ei wrthwynebwyr o ddiffyg dysg a hyfforddiant ynddo ei hun, ond mae'n taro'n ôl yn gryf drwy gyfiawnhau ei holl ymdrechion ac yntau'n alltud ymhlith anwariaid, tra oedd ei feirniaid yn aros gartref i berffeithio eu rhethreg a'u gwybodaeth. Ac yntau yn ei alw ei hun yn wladwr annysgedig, mae dirmyg a choegni ei ysgrifennu yn ddeifiol ac yn brathu.

Dywed Padrig iddo gael ei eni ym Mhrydain, a bod ei dad a'i daid yn swyddogion Rhufeinig. Fe'i ganed yn niwedd y bedwaredd ganrif, tua'r cyfnod pan oedd Maximus wedi symud y lleng olaf o Brydain i'r cyfandir. Mae llawer o ddyfalu wedi bod ynghylch union fan ei eni; gellir dweud yn weddol ddiogel mai yng Nghymru y digwyddodd hynny.

Yn un ar bymtheg oed, cipiwyd Padrig a'i ddwyn yn gaethwas i Iwerddon 'gyda miloedd eraill yn ôl ein haeddiannau, oherwydd inni gefnu ar Dduw ac ymwrthod â'i orchmynion'. Mae difaterwch crefyddol llencyndod yn hen beth ym mhrofiad yr Eglwys Gristnogol. Bu Padrig yn cadw defaid ar lethrau Sliabh Mis yn Iwerddon am chwe blynedd. Yn ei unigedd trodd at ei Dduw mewn gweddi gyson.

Ar ôl dianc, aeth ar grwydr am gyfnod ac yna, ymhen rhai blynyddoedd, 'yr oeddwn ym Mhrydain gyda'm carennydd'. Yno fe glywodd lais dyn o'r enw Victorius yn ei alw i ddychwelyd a throedio eto ymhlith y Gwyddelod.

Yn 432 aeth i Iwerddon yn esgob cenhadol. Roedd rhai Cristnogion eisoes yn y wlad ond yn ddiymwad ef yw apostol yr ynys. Bu farw yno yn 461.

Mae Padrig yn enwi ei dad Calpurnius a'i daid Potitus. Dywed fod ei dad yn ddiacon a'i daid yn offeiriad. Cofnodir traddodiad gan Muirciu mai chwaer Martin o Tours oedd ei fam. Iddo ef roedd bod yn Gristion yn gyfystyr â bod yn Rhufeiniwr. Yn ôl y traddodiad, ei neges i'w dröedigion newydd oedd 'Fel yr ydych yn Gristnogion, byddwch yn Rhufeiniaid hefyd'.

29 Gwynllyw – Brenin, Cyffeswr

Yn ôl y bucheddau roedd yn bennaeth (*regulus*) ar y tiroedd rhwng afonydd Wysg a Rhymni. Gwladus, un o ferched Brychan, oedd ei wraig ac roedd yr abad Cadog yn fab iddynt. Ni wyddom ddim am fywyd y brenin lleol hwn. Dywedir iddo farw'n hen ŵr a'i gladdu yng Nghasnewydd lle saif yr eglwys gadeiriol sy'n dwyn ei enw. Fe berthyn i'r bumed ganrif gyda'r ychydig draddodiadau amdano'n cadw cof am yr ymdrechion i amddiffyn gorllewin Prydain yn wyneb ymosodiadau'r llwythau o'r cyfandir.

Os yw'r farn gyffredinol am leoliad Mynydd Baddon yn gywir, roedd y ffin rhwng llwythau'r Saeson a'r brodorion Brythonaidd yr adeg honno yng nghyffiniau Swindon. Cafwyd cyfnod o heddwch, ac yn ôl Gildas o ddirywiad crefyddol wedyn. Os yw'r honiadau am gyfnod Gwynllyw yn agos at y gwir, roedd ym mlodau ei ddyddiau pan oedd yr ymgyrchoedd yn erbyn y Saeson yn eu hanterth.

EBRILL

5 Derfel Gadarn – Cyffeswr

Nawddsant Llandderfel ac yn ôl y *Valor Ecclesiastus*, cafwyd capel i Derfel yn Llantarnam yng Ngwent. Roedd yr ansoddair a gysylltir â'i enw wedi arwain Iolo Morganwg i'w ddyrchafu'n rhyfelwr ond mae'r traddodiad yn un hen. Yn ei gywydd moliant i Hywel ap Dafydd dywed Lewis Glyn Cothi:

> Ban fu a llu yn eu lladd
> ar Gamlan wŷr ac ymladd
> Derfel o hyd yn ei arfau
> A rannai ddur yno'n ddau.

Mae'r un bardd yn sôn am Derfel Feudwy hefyd (*op.cit.* t.26).

Mewn llythyrau at Thomas Cromwell, mae Elis Prys, Plas Iolyn yn gofyn cyfarwyddyd ynglŷn â delw Derfel a oedd yn uchel ei pharch ym mhlwyf ac ardal Llandderfel. Fe'i cynghorwyd i'w hanfon i Lundain, a dyna a wnaeth er gwaethaf protestiadau'r plwyf. Pan losgwyd y Brawd Llwyd John Forest yn Smithfield ym mis Mai 1583 am iddo wrthod derbyn goruchafiaeth y brenin yng nghyfnod Harri'r Wythfed, defnyddiwyd delw Derfel yn danwydd i losgi'r offeiriad i farwolaeth.

6 Brychan – Brenin, Cyffeswr

Brenin ar sefydliad Gwyddelig yn y rhan honno o Gymru sydd heddiw'n dwyn ei enw. Mae'r dystiolaeth sydd gennym yn dangos bod Brycheiniog yn drwm dan ddylanwadau Gwyddelig yng nghyfnod dadfeilio'r Ymerodraeth. Mae'r traddodiad Cymreig yn clymu'r cyfan wrth enw Brychan, brenin ar y rhan fwyaf o Frycheiniog gyfoes, ac eithrio Buellt. Yn ôl y chwedlau, roedd yn fab i frenin Gwyddelig a'i fam Marchell yn ferch

Eglwys Llangar, ger Hendy-gwyn ar Daf, sir Gaerfyrddin yn dangos olion cloddiau cynharach, cynhanesyddol o bosib, o gwmpas y fynwent gron. (Llun: Terry James, drwy ganiatâd Archaeoleg Cambria.)

Llandeilo, gan ddangos cyfeiriad ffordd Rufeinig o bosibl.
(Llun: Terry James, drwy ganiatâd Archaeoleg Cambria).

Eglwys Llangynog – enghraifft glasurol o fynwent gron y 'llan'.
(Llun: Terry James.)

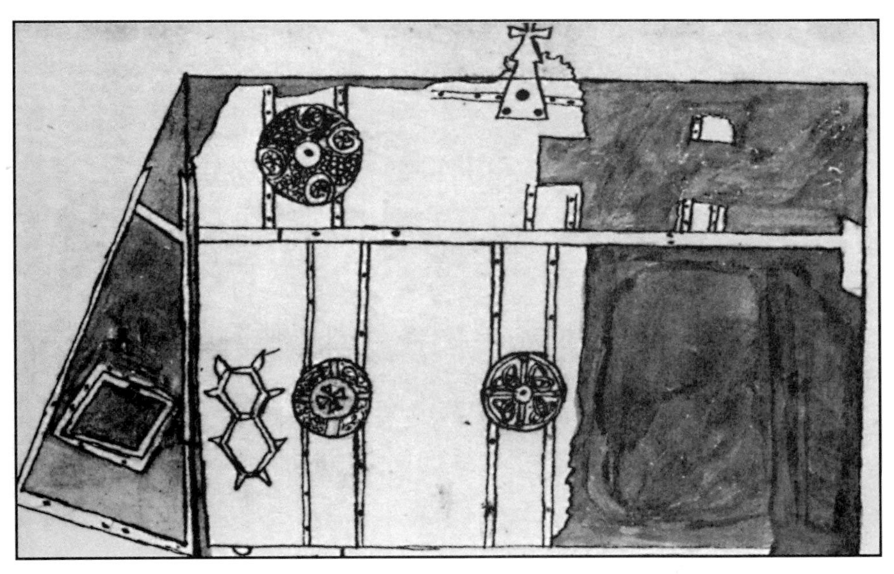

Dyluniad gan Edward Lhuyd, neu un o'i gydweithwyr, o 'shrine' Gwenfrewi yn niwedd yr ail ganrif ar bymtheg. (Llun: Llyfrgell Bodleian, Rhydychen.)

Eglwys Clynnog Fawr.

Porth-dŷ, Clynnog Fawr.

Eglwys Llan-dawg, sir Gaerfyrddin. (Llun: Colin Morris.)

Beddau tri phererin. (Llun: Colin Morris.)

Dewi Sant a'r golomen – cerflun o waith John Petts yn eglwys Gatholig Llansawel, Morgannwg.

Cerflun Dewi Sant wrth Ffynnon Dewi, Ballinaslaney, Iwerddon.

Pererindota: Mae Ffynnon Dewi, Ballinaslaney yn dyddio'n ôl i'r seithfed ganrif.

Eglwys Gadeiriol Tyddewi yng Nglyn Rhosyn.

Ffynnon Non, ger Tyddewi.

Croes Brynach Sant, Nanhyfer.

Ynys Enlli, cyrchfan y pererinion a man claddu ugain mil o seintiau yn ôl y traddodiad.

Eglwys Hywyn Sant, Aberdaron.

Eglwys Gwynhoedl Sant, Llangwnnadl.

Eglwys Pistyll, ger Nefyn.

Eglwys Beuno Sant, Carnguwch.

Capel Lligwy, cysegrfan hynafol ym Môn.

Eglwys Cwyfan ar ynys yng ngorllewin Môn.

Olion Eglwys Dwynwen, Llanddwyn.

Eglwys Tysilio ar ynys yn afon Menai.

Ffynnon Seiriol, Penmon.

Croes Geltaidd gynnar, Penmon.

Adeilad canoloesol ar Ynys Seiriol.

Cell Trillo Sant, Llandrillo.

Ffynnon ym mynwent eglwys gynnar Llangelynnin, yn uchel uwchlaw Dyffryn Conwy.

Drws isel yn fynedfa i Eglwys Llanrhychwyn, uwchlaw Trefriw.

Porth a charreg farch ger Eglwys Caerhun a godwyd ar safle hen gaer Rufeinig.

Meini Cristnogol cynnar yn Eglwys Penmachno.

Eglwys Llandanwg yng nhywod Meirionnydd.

Ffynhonnau Gwenfrewi, Treffynnon.

hymwneud â'u tywysogion a'u penaethiaid. Gellir dyddio'r brenin Cadwallon yn weddol bendant. Mab Cadfan o linach Maelgwn Gwynedd ydoedd a olynodd ei dad a theyrnasu yng Ngwynedd tua'r flwyddyn 625. Ymgynghreiriodd â Penda, brenin Mercia a chael buddugoliaeth nodedig ac agor Norhumberland i'w luoedd. Ond anrheithio'r wlad a wnaeth. Daeth Oswald yn ei erbyn a'i ladd mewn cyrch sydyn yn 633. Mae trahauster Cadwallon a'i greulonder yn rhoi arwyddocâd i'r clod a roddir i hyfdra Beuno.

MAI

11 Asaff – Abad, Esgob, Cyffeswr

Yn yr hen galendrau, ar y cyntaf o Fai, sef dydd ei farw, y cadwyd Gŵyl Asaff. Roedd yn ddisgybl i Cyndeyrn a phan ddaeth hwnnw ar ei dro i Bowys y cymerodd ei gamau cyntaf tuag at fynachaeth ei gyfnod. Yn frodor o Degeingl, Asa oedd yr hen ffurf ar ei enw a drowyd ar wefusau'r Saeson yn Asaph. Nid yw'r ffurf honno, yr un arferol heddiw, yn hŷn na'r ddeuddegfed ganrif.

Cynhelid ffair dridiau yn Llanelwy ar ddechrau Mai. Roedd hyn yn arferiad ar draws cyfandir Ewrop. Yn aml, cynhelid y ffair ar y diwrnod ar ôl yr ŵyl. Erbyn cyfnod y Diwygiad Methodistaidd, y rhialtwch a miri'r ffair oedd yn aros yn bennaf.

16 Carannog – Esgob, Cyffeswr

Ceir buchedd Carannog yn *Cotton Vesp A xiv* sy'n dechrau drwy ddweud y dylid cadw ei ŵyl gan bawb sy'n credu yn Nuw. Dywedir hefyd iddo ddilyn Padrig i Iwerddon ac iddynt rannu'r ynys honno'n ddwy. Yn ôl y fuchedd, Ceredigion oedd bro ei enedigaeth ac fe berthynai i'r cyfnod pan oedd y Gwyddelod yn ymosod ar Brydain. Yn yr ail fuchedd, dywedir ei fod o dras Cunedda ac mai enw ei dad oedd Ceredig. Ef yw'r sant a goffeir yn yr enw Llangrannog.

21 Collen – Abad, Cyffeswr

Copïau diweddar yn unig a gadwyd o'i fuchedd. Dywedir ei fod yn fab i Gwynog a'i fam Ethni yn Wyddeles ac yn ferch i Matholwch. Sant o'r seithfed ganrif yw Collen ac fe ddywedir yn y fuchedd iddo drechu Bras, prif arwr y Saeson paganaidd a rhoi terfyn ar y rhyfeloedd rhwng Cristion a phagan ym Mhrydain.

Mewn adroddiad o'r flwyddyn 1749, dywedir bod corff Collen yn gorffwys yn 'yr Hen Eglwys' yn Llangollen. Mae Collen yn nawddsant i eglwysi yng Nghernyw ac yn Llydaw hefyd.

23 Elen – Gwyryf

Elen Luyddog y traddodiad Cymraeg. Mae llawer o gymysgu wedi bod rhyngddi hi a mam Cystennin Fawr. Roedd hi'n wraig i Macsen Wledig. Maximus oedd y cadfridog a arweiniodd y lleng olaf o Brydain i'r cyfandir wrth iddo hawlio bod yn Ymerawdwr. Milwr o Sbaen oedd Maximus a ddaeth yn arweinydd y lleng ym Mhrydain. Mewn brwydr yng Ngâl, lladdwyd yr Ymerawdwr Gratian. Roedd Maximus yn awr yn feistr ar Brydain, Gâl a Sbaen. Cafodd gefnogaeth a bendith Martin o Tours. Lladdwyd Maximus yn Aquileia yng ngogledd yr Eidal yn 388. Roedd ei briod, y dywedir iddi fod yn fenyw o Segontium, y gaer Rufeinig yng Nghaernarfon, gyda'i gŵr ar y cyfandir ac ar ôl ei farwolaeth, cysegrodd ei bywyd i weddi ac i weithredoedd da.

Cysylltir Maximum â'r mudiad Cristnogol uniongred a oedd yn gwrthwynebu athrawiaeth Pelagius (*c*.354-418). Oherwydd hyn, ystyrid ef a'i wraig ymhlith y rhai a ddiogelodd y wir ffydd yng Ngâl.

28 Melangell – Gwyryf, Abades

Yn yr achau, mae Melangell o dras Macsen Wledig ac enw ei mam oedd Ethni'r Wyddeles. Bu'n rhaid i Melangell ffoi o Iwerddon er mwyn osgoi priodas. Ymguddiodd mewn cell ym mryniau Pennant ym Maldwyn. Y stori enwog amdani yw fod Brochwel Ysgythrog, tywysog Powys, yn hela ysgyfarnog ond yn colli ei ysglyfaeth. Daeth o hyd i'r anifail yn llechu dan ddillad Melangell a oedd wrthi'n gweddïo mewn llwyn o brysgwydd. Er gwaethaf anogaeth y tywysog, cilio rhag y ferch a wnaeth ei gŵn hela. Cadarnhaodd Brochwel hawl y santes i'w chell a'i thiroedd a chyhoeddi'r lle'n lloches ac yn seintwar i ddyn ac anifail am byth. Daeth Melangell yn nawddsantes ysgyfarnogod ac anifeiliaid yn gyffredinol.

MEHEFIN

5 Tudno – Cyffeswr

Dywedir ei fod yn fab i Seithenyn, brenin Cantre'r Gwaelod, yr aeth ei diroedd dan y môr 'drwy ofer esgeulustod y gwyliwr ar y tŵr'. Ar ôl y trychineb hwnnw, aeth Tudno a'i frodyr yn fynaich ym mynachlog Bangor Is-coed. Mae Bonedd y Saint yn ei gysylltu â Chyngreawdr, sef y Gogarth Fawr ger Llandudno.

14 *Dogfael – Cyffeswr*

Yn *Progenies Keredig*, sef Hil Ceredig, sonnir am *'Dogmael Sanctus, filius Ithaeil, filii Keredig'* gan wneud i'r sant hwn berthyn i'r un llinach â Dewi. A barnu wrth yr eglwysi sy'n dwyn ei enw, ym Mhenfro yr oedd yn byw ac yn cenhadu. Yn ei gywydd i Tydecho Sant, mae Dafydd Llwyd o Fathafarn yn dweud bod y sant hwnnw yn Llandudoch gyda Dogfael, chwedl sy'n awgrymu bod Dogfael a'i fynachlog yn enwog ac yn ddylanwadol yn ei ddydd.

29 *Ceitho – Abad, Cyffeswr*

Un o'r pum sant a goffeir yn Llanpumsaint, sir Gaerfyrddin. Cedwir ei enw yn yr enw Llangeitho hefyd. Yn yr hen galendrau, cadwyd ei ŵyl ar Awst 5ed.

GORFFENNAF

1 *Euddogwy – Esgob, Cyffeswr*

Gwelir Buchedd Euddogwy yn *Llyfr Llandaf*. Yno, dywedir mai ef oedd trydydd esgob y sedd honno ar ôl Dyfrig a Teilo. Credai Doble mai ffugio'r cyfan am Euddogwy a wnaeth awdur *Llyfr Llandaf*. Yr hyn a wnaeth, meddai, oedd cymryd yr esgob Eudoce a enwir ym muchedd Cadog a'i uniaethu â'r sant y cedwir ei enw mewn un lle yn unig, sef Llandogo ar afon Gwy yn sir Fynwy. Nid yw Doble yn amau bodolaeth esgob o'r enw Eudoce ym Morgannwg tua diwedd y nawfed ganrif.

Yr oedd, mae'n debyg, fynachlog enwog yn Llandogo ers cyfnod seintiau'r chweched ganrif a'r sant yn fawr ei barch yn yr ardal honno ar lannau Gwy.

Yn ôl rhestr *Llyfr Llandaf*, Dyfrig, Teilo ac Euddogwy oedd tri esgob cyntaf yr esgobaeth a thri ohonynt ynghyd â Pedr yr Apostol yn nawddseintiau'r eglwys gadeiriol. Yn eu henwau hwy y cysegrwyd yr eglwys fawreddog a gododd Urban yn ugeiniau'r ddeuddegfed ganrif.

1 *Julius ac Aaron – Merthyron*

Ynghyd ag Alban, Julius ac Aaron yw merthyron cyntaf Ynys Prydain. Mae Gildas yn sôn amdanynt yn erledigaeth Diocletian (303-313) gan ddweud 'rhag i Brydain suddo i dywyllwch dudew'r nos ddu, (Duw) o'i rad ras a enynnodd dân llachar y merthyron sanctaidd ... Siaradaf am Alban o Verolanium a Julius ac Aaron dinasyddion Caerllion'. (Gw. *Gildas De Excidio* 10, tt24-26.)

Dywedir bod capel Aaron wedi bod ger y gwersyll Rhufeinig ar lan afon Wysg.

Hyd heddiw, cedwir gŵyl y ddau ferthyr o Gaerllion yng nghalendr eglwysi Cymru. Yng nghalendr esgobaethau catholig Cymru cedwir eu gŵyl ar Fehefin yr 20fed.

17 Cynllo – Brenin, Cyffeswr

Mewn rhai copïau o Achau'r Saint, dywedir bod Cynllo yn frawd i Teilo. Cysylltir ef yn bennaf â gogledd Maesyfed ac mae dwy eglwys yng Ngheredigion yn ei arddel yn nawddsant.

28 Samson – Abad, Esgob, Cyffeswr

O holl fucheddau seintiau Cymru, y cynharaf o ddigon sydd wedi goroesi yw *Vita Samsonis*. Ysgrifennwyd hon yn Nol yn Llydaw yn nechrau'r seithfed ganrif. Yn ôl y fuchedd, daeth ei fam â'r llanc Samson at yr athro hybarch Illtud a chynnig 'y rhoddion arferol ar adegau felly'. Roedd Samson yn ddisgybl addawol a duwiolfrydig. Ordeiniwyd ef yn ddiacon yn Llanilltud Fawr gan yr esgob Dyfrig ac wedyn yn offeiriad gan yr un esgob. Yn fuan wedyn, er mwyn encilio o fwrlwm ysgol Illtud, symudodd Samson i Ynys Bŷr. Yn erbyn ei ewyllys, fe'i penodwyd yn abad a'i gysegru'n esgob ar ŵyl Cadair Bedr, sef Chwefror y 22ain. Ni ddywedir ar ba fynachlog yng Nghymru y bu'n abad ond tybir mai Llanilltud Fawr ydoedd. Y lle hwnnw ac Ynys Bŷr yw'r unig leoedd yng Nghymru a gysylltir â Samson yn y bucheddau. Dywed y fuchedd fod y fynachlog wedi'i sefydlu gan Garmon. Mae'r traddodiadau yn cysylltu Illtud â Garmon a dywedir mai'r sant o Auxerre a'i hordeiniodd ef yn offeiriad.

Mae'r ffaith fod cynifer o seintiau de Cymru yn cael eu coffáu yn Llydaw yn tystio i waith bugeiliol a chenhadaeth rymus gan fynaich o Gymru yng ngogledd y penrhyn hwnnw.

Mae Samson yn gyfoeswr i Dewi a Teilo. Yn wahanol i'r ddau hyn, Llydaw oedd maes ei genhadaeth ef. Yng Nghymru heddiw, cofir amdano'n bennaf ar Ynys Bŷr. Mae'r stori am Teilo yn ymweld ag ef yn Llydaw er mwyn osgoi'r pla melyn yn awgrymu fod Samson yn esgob yno tua chanol y chweched ganrif.

AWST

3 Garmon – Esgob, Cyffeswr

Roedd yn esgob yn Auxerre yn Ffrainc. Yn ôl Prosper o Aquitaine (*c*.390-

463), mynach a oedd yn gyfoeswr i'r esgob, anfonwyd Garmon i Brydain yn 429 gan y Pab Celestine I (Medi 422 – Gorffennaf 432). Synod esgobion Gâl a'i dewisodd ef a Lupus, esgob Troyes i ddileu heresi Pelagius o fywyd yr Eglwys ym Mhrydain. Dywedir iddo ddychwelyd am yr eildro i Brydain.

O fewn hanner canrif i gyfnod Garmon, ysgrifennwyd buchedd iddo gan Constantius o Lyons. Sonia'r fuchedd am ei hyfforddiant yn gyfreithiwr, ei yrfa'n weinyddwr taleithiol a'i ddewis gan lais y bobl yn esgob Auxerre. Y darlun a roddir gan Constantius yw ei fod yn esgob a oedd yn byw bywyd hunanymwadol llym ac yn arweinydd eglwysig o fri ac o barch mawr yn ei ddydd. Bu farw'n Ravenna rywbryd rhwng 437 a 448.

23 *Tudful – Gwyryf, Merthyr*

Un o ferched Brychan a enwir yn Cognacio Brychan, llawysgrif yn llaw Syr John Price, Aberhonddu (*c*.1502-1555). Dywed Wade-Evans fod y testun a gopïwyd yn dod o'r drydedd ganrif ar ddeg. Dywedir bod Merthyr Tudful wedi ei enwi ar ei hôl.

Mae gan Iolo Morganwg hanes amdani'n cael ei lladd wrth ymweld â'i thad yn ei henaint yn y lle sy'n dwyn ei henw hyd heddiw. Ni ellir dweud ai traddodiad dilys hynafol sydd yma. Ni cheir gŵyl Tudful yn yr hen galendrau.

MEDI

5 *Marchell – Brenhines*

Mam Brychan oedd Marchell yn ôl yr achau a gyhoeddir yn VSBG. Chwedlonol yw'r cyfan a geir yno. Dywedir bod Marchell, merch brenin Brythonaidd o'r enw Tewdrig, wedi'i hanfon i Iwerddon er mwyn osgoi'r oerfel angheuol. Yno priododd â'r brenin Anlach ac esgor ar ei mab Brychan. Daeth hi a'i gŵr yn ôl i Gymru lle rhoddwyd Brychan ar faeth.

Beth bynnag yw sail y chwedl hon, mae'n cadw cof am y genhadaeth Gristnogol ym Mrycheiniog a de-ddwyrain Cymru a'r cysylltiad agos ag Iwerddon.

11 *Deiniol – Abad, Esgob, Cyffeswr*

Traddodiad bucheddau'r seintiau yw i Deiniol gael ei gysegru'n esgob Bangor gan Dyfrig. Yn ei ach mae'n fab i Dunawd, mab Pabo Post Prydyn o linach brenhinoedd Rheged. Roedd yn gyfoeswr i Maelgwn Gwynedd.

Dyma gyfnod Cybi a Cadfan a seintiau enwocaf Gwynedd. Awgryma'r achau mai ar ôl marw Maelgwn Gwynedd yn 547 y dechreuodd yr adfywiad mynachaidd yng Ngwynedd-is-Conwy. Roedd dylanwad y mudiad newydd eisoes wedi ymledu cyn hyn yn Uwch-Conwy. Bangor yn Arfon oedd sefydliad cyntaf Deiniol. Er mai cymharol brin yw'r lleoedd sy'n dwyn ei enw, gellir dweud yn weddol hyderus fod y cof amdano a'r defosiwn iddo yn gyffredin ar hyd gogledd Cymru ac yn arbennig felly yng Ngwynedd. Cysegrwyd eglwysi iddo yn Llydaw hefyd. Mae hyn yn awgrymu fod creiriau Deiniol wedi eu dwyn yno er nad yw'n amhosibl iddo fod wedi cenhadu yno am gyfnod. Mae'n ddigon tebyg fod y traddodiad iddo fod yn Synod Llanddewibrefi yn un dilys. Yn ôl *Annales Cambriae,* bu farw yn 584.

HYDREF

1 Silin – Abad, Cyffeswr

Ers amser Iolo Morganwg o leiaf, cymysgir dau sant gwahanol. Un ohonynt yw Sulien y dywedir iddo ddod o Lydaw tua diwedd y chweched ganrif. Ar wahân i lawysgrifau Iolo, fe ymddengys ei enw mewn calendrau eraill sy'n rhoi gwahanol ddyddiadau ar gyfer ei ŵyl.

Silin yw'r ffurf Gymraeg ar enw'r abad Giles a oedd yn sant poblogaidd iawn yng ngwledydd Prydain. Credir iddo gael ei eni yng ngwlad Groeg a mudo wedyn i Ffrainc. Cadwyd ei ŵyl yn Lloegr a'r Alban ers yr unfed ganrif ar ddeg a hynny ar y cyntaf o Fedi. Yng Nghymru, cysegrwyd eglwysi yn enw Silin yn Wrecsam. Ef yw'r sant a goffeir yn enw Llansilin. Mae'n nawddsant i eglwysi ym Mhenfro a Morgannwg. Cadwyd ei ŵyl yng Nghymru ar y cyntaf o Fedi ac ar y cyntaf o Hydref.

5 Cynhafal – Cyffeswr

Ni wyddom ddim am y sant hwn. Yr unig eglwys sy'n dwyn ei enw yw Llangynhafal yn nyffryn Clwyd. Credid bod dŵr y ffynnon nid nepell o'r eglwys yn iacháu dafadennau a doluriau corfforol.

9 Cynog – Esgob, Cyffeswr

Yn ôl Gerallt Gymro, Cynog oedd olynydd Padarn. Symudodd i lenwi sedd esgobol Mynyw ar ôl marw Dewi. Dywed *Annales Cambriae* iddo farw yn 606.

Llanbadarn Fawr oedd sedd esgobol Ceredigion. Roedd rhan

ddeheuol y sir yn rhan o *parrochia* Dewi ac yn esgobaeth Mynyw. Byddai Llanbadarn wedi cynnwys rhannau o Frycheiniog, Maesyfed, ac ar adegau, ddarnau o Faldwyn. Daeth yn rhan o esgobaeth Mynyw yn yr wythfed ganrif.

Cedwir enw'r sant yn Llangynog ac mewn enw plwyfi yng Nghaerfyrddin, Brycheiniog a Maldwyn. Ni roddir dyddiad ei ŵyl yn yr hen galendrau.

25 *Crallo – Cyffeswr*

Ceir yr enw yn Llangrallo (Coychurch) ger Pen-y-bont ar Ogwr. Yn llawysgrifau Iolo y ceir yr unig fanylion amdano. Mae Edward Lhuyd yn dweud fod un o'r ffynhonnau ger yr eglwys yn cael ei galw'n Ffynnon Grallo.

TACHWEDD

2 *Aelhaearn – Cyffeswr*

Sant o'r seithfed ganrif yw Aelhaearn a brawd i'r seintiau Llwchaearn a Chynhaearn. Cysegrwyd eglwys iddo yn Nghegidfa ym Mhowys, yn Llanaelhaearn ym Meirionnydd ac yn y lle o'r un enw ger Tre'r Ceiri yn Arfon. Roedd yn ddisgybl i Beuno.

3 *Gwenfrewi – Gwyryf, Merthyr*

Santes a oedd yn ei blodau ym mlynyddoedd cynnar y seithfed ganrif. Yn ôl y fuchedd, roedd Gwenfrewi'n ferch i dywysog yn Nhegeingl a'i mam oedd Gwenlo, chwaer Beuno Sant. Torrodd Caradog, tywysog Pen-ar-lâg, ei phen oherwydd iddi wrthod ei gynigion rhywiol. Daeth Beuno o'i eglwys, codi'r pen a'i roi yn ôl ar ei chorff. Gweddïodd drosti a'i chyfodi o'r meirw. Lle glaniodd ei phen, byrlymodd ffynnon ddŵr o'r ddaear. Treuliodd weddill ei hoes yng Ngwytherin yn sir Ddinbych lle y claddwyd ei chorff.

Hyd at ddiwedd y bedwaredd ganrif ar ddeg, anrhydeddwyd Gwenfrewi yng ngogledd Cymru a'r Gororau ac yn Euas ac Erging, dwy ardal a roddwyd i Swydd Henffordd gan Harri'r Wythfed. Mae hyn yn ategu'r traddodiad iddi dreulio amser ym Modfari ac yn Henllan cyn symud at fynachlog Eleri yng Ngwytherin.

Yn 1138, symudwyd creiriau Gwenfrewi i Abaty'r Benedictiaid yn Amwythig. Hyn sy'n esbonio'r defosiwn iddi yn y Gororau. Yn 1398, cyhoeddodd yr Archesgob Roger Walden fod ei gŵyl i'w chadw yn holl dalaith Caergaint. Yn 1408, gorchmynnodd yr Archesgob Chichele, a oedd ar un adeg yn esgob Tyddewi, fod gwyliau Dewi, Gwenfrewi a Chad i'w cadw yn ei dalaith *cum regimine chori*, sef gwyliau o'r radd uchaf.

Y bererindod i gysegrfan Gwenfrewi yn Nhreffynnon yw'r unig un yng Nghymru sydd wedi dal yn ei bri hyd heddiw. Oherwydd ffyddlondeb teulu Mostyn o Dalacre i'r Hen Ffydd, datblygodd Treffynnon yn brif ganolfan reciwsantiaeth Gatholig ac aros yn gyrchfan i bererinion drwy holl flynyddoedd yr erlid. Mam Harri'r Seithfed a gododd y capel a chysegrfan Treffynnon ar ôl brwydr Maes Bosworth.

Yn niwedd yr ail ganrif ar bymtheg, roedd Edward Lhuyd neu un o'i gydweithwyr wedi tynnu braslun a ddisgrifir ganddo fel 'Arch Gwenfrewi yn eglwys Gwytherin yn swydh Dimbech'. Daethpwyd o hyd i'r braslun hwnnw yn Llyfrgell Bodley yn Rhydychen. Cyhoeddwyd llun ohono a thrafodaeth arno yn *The Antiquaries Journal* yn 1990. Tybid bod yr 'arch' wedi diflannu'n derfynol pan chwalwyd hen eglwys Gwytherin yn 1867. Yn rhyfedd ddigon, daeth Tristan Gray Hulse o hyd i ddarn o bren yn nhŷ'r offeiriad Catholig yn Nhreffynnon. Roedd y darn wedi ei lapio mewn papur llwyd ac arno'r geiriau *'From the wooden chest at Gwytherin supposed to have contained the body of St Winifrede'*. Cyhoeddwyd trafodaeth ar y darn pren, eto yn *The Antiquaries Journal* 1992 gan Nancy Edwards a Tristan Gray Hulse. Maent yn dangos nad arch Gwenfrewi oedd yng Ngwytherin ond hen greirfa bren debyg i'r rhai a gadwyd yn Siena a Bologna yn yr Eidal. Yn 1997, daeth Mr Gray Hulse o hyd i ddryll arall o'r un greirfa.

6 *Illtud – Abad, Cyffeswr*

Sant a ffigwr allweddol yn natblygiad cenedl y Cymry. Cysylltir Illtud â Garmon ac felly â pharhad Cristnogaeth uniongred ym Mhrydain ar ôl ymadawiad y lleng Rufeinig. Ef oedd athro a thad ysbrydol seintiau'r chweched ganrif. Awgrymir yn lled bendant ei fod yn byw rhwng 475 a 525 . Yn y cyfnod o dawelwch a heddwch a ddilynodd frwydr Mynydd Baddon, roedd ef wrthi yn ei fynachlog yn Llanilltud Fawr yn gosod seiliau dysg a bywyd Cristnogol yng Nghymru. Yng Nghymru ac yn Iwerddon Gristnogol, fe ddiogelwyd llawer o gyfoeth ymenyddol a llenyddol Rhufain a'i drosglwyddo'n ôl i gyfandir Ewrop gan fynaich crwydrol y canrifoedd canlynol.

Mae'r hen eglwysi sy'n cadw enw Illtud oll yn ne-ddwyrain Cymru, ym Mrycheiniog, de Morgannwg a Bro Gŵyr. Cedwir ei enw yn eglwys Llanelltud ym Meirionnydd ac yn yr hen eglwysi yn Leon, Treguier a Vannes yn Llydaw.

8 *Cybi – Abad, Cyffeswr*

Yn ôl y bucheddau, mab i benteulu (*princeps militiae*) o Gernyw oedd Cybi. Ei gyfnod ef yw canol y chweched ganrif. Yng Nghaergybi ym Môn yr oedd ei brif fynachlog lle'r oedd wedi ymgartrefu o fewn muriau hen gaer Rufeinig. Parhaodd y clas a sefydlwyd ganddo hyd at yr unfed ganrif ar bymtheg.

Yn ôl y bucheddau, derbyniodd Cybi ei addysg a'i hyfforddiant mynachaidd yn ei fro enedigol. Yna aeth ar bererindod i Gaersalem ac at Sant Hilari yn Poitiers. Arhosodd yng Ngâl am dros hanner canrif a chael ei ordeinio'n esgob gan Hilari. Mae hyn yn hanesyddol amhosibl oblegid yn y bedwaredd ganrif y bu Hilari'n esgob yn Poitiers. Ond unwaith eto, mae'r cysylltiad â Gâl yn cyfeirio at drywydd y mudiad mynachaidd o'r Aifft drwy'r Eidal a Ffrainc i Ynys Prydain.

Cadwyd traddodiad ym Môn fod Cybi a Seiriol, abad Penmon, yn arfer teithio'n rheolaidd i gwrdd â'i gilydd ym mhlwyf Llandyfrydog er mwyn siarad am bethau sanctaidd, ysbrydol. Byddai Cybi, wrth gerdded i'r dwyrain yn y bore ac i'r gorllewin wrth ddychwelyd i'w fynachlog, bob amser â'i wyneb at yr haul a Seiriol â'i gefn ato. Oherwydd hyn, roedd wyneb Cybi wedi'i felynu ond Seiriol wedi cadw'i liw golau cynhenid. A dyna esbonio'r enwau Cybi Felyn a Seiriol Wyn!

Yn y calendrau Cymreig, cadwyd gŵyl Cybi ar y 5ed o Dachwedd ond fe nodir y 7fed neu'r 8fed yn ogystal.

8 *Tysilio – Abad, Cyffeswr*

Sant o'r seithfed ganrif y gwelir ei ach ym Monedd y Saint. Dywedir ei fod yn fab i Brochfael, yr arwr enwocaf yn hen linach tywysogion Powys. Ni chadwyd buchedd iddo ond yn awdl Cynddelw Brydydd Mawr, 'Canu Tysilio Sant', rhoddir enw ei fam, sef Garddun Benasgell. 'Tysilio ffyrnig ei filwriaeth' ydyw a 'enillodd nef yn ardaloedd Eifionydd'. Aeth, medd y bardd, at Wyddfarch, nawddsant eglwys Meifod. Yr eglwys hon oedd prif eglwys Powys; claddfa brenhinoedd ydoedd, medd Cynddelw. Yn fynach, bu'n bennaeth tiroedd maethlon ar Ynys Sulio ar lannau Menai. Yn ôl y traddodiadau a gofnodwyd yn Llydaw yn y bymthegfed ganrif, roedd Tysilio wedi mynd yno a chodi eglwys neu eglwysi. Nid oes sail hynafol i'r traddodiadau hyn a bernir mai pur annhebyg yw iddo erioed genhadu yn Llydaw. Mae eglwysi wedi'u cysegru iddo ar lannau Menai, ym Meifod, yn ne Ceredigion ac ar y ffin rhwng Penfro a Chaerfyrddin. Awgrym gweddol bendant ym marn E.G. Bowen yw iddo deithio ar fôr ar hyd yr arfordir a chenhadu yn yr ardaloedd cyfagos ac yn nyffrynnoedd yr afonydd.

Y traddodiad a gedwir yn Llydaw yw i Tysilio fynd yno oherwydd erledigaeth Haearwedd, gweddw ei frodyr, oherwydd ei fod wedi gwrthod cefnu ar ymrwymiad mynach a'i phriodi hi. Er mwyn osgoi colled a dioddefaint i'r eglwys yr ymadawodd â'i fynachlog ym Môn. Mae Cynddelw yn cyfeirio at y traddodiad hwn.

12 *Cadwaladr – Brenin, Cyffeswr*

Tywysog a mab Cadwallon ap Cadfan oedd Cadwaladr. Pan laddwyd ei dad yn 633, aeth Gwynedd i ddwylo'r anturiaethwr Cadafael ap Cynfedw. Ni ddaeth Cadwaladr i'w etifeddiaeth tan 664.

Fel Cadwaladr Fendigaid, nawddsant Llangadwaladr ym Môn y cofir amdano. Cysegrwyd eglwysi iddo yn Ninbych ac yng Ngwent. Roedd Harri Tudur yn olrhain ei ach at Gadwaladr ac roedd draig goch Cadwaladr yn un o'r tri lluman a gyflwynodd ef i eglwys Sant Paul yn Llundain ar ôl brwydr Maes Bosworth. Roedd wedi clywed, mae'n debyg, am ddarogan Sieffre o Fynwy y byddai Cadwaladr yn dychwelyd ac y byddai'r Brythoniaid yn cael 'eu harglwyddiaeth ar ynys Prydain a'u hen deilyngdod'.

14 *Dyfrig – Esgob, Cyffeswr*

Dyfrig yw'r sant sydd rywsut yn ddolen gyswllt rhwng Cristnogaeth y cyfnod Rhufeinig ym Mhrydain ac adfywiad mynachaidd y chweched ganrif. Dywed y fuchedd yn *Llyfr Llandaf* ei fod o dras frenhinol. Daeth yn ysgolhaig Cristnogol o fri a sefydlu mynachlog Henllan (sef Hentland-on-Wye) lle'r oedd wrthi'n hyfforddi disgyblion o bell ac agos am saith mlynedd. Symudodd wedyn i'w ail sefydliad ym Mochros (heddiw Moccas) lle'r arhosodd am gyfnod maith. Un o gyfraniadau mawr yr Eglwys Geltaidd oedd derbyn fod pob cangen o wybodaeth, yn Ysgrythurol, yn ddiwinyddol, yn athronyddol ac yn llenyddol yn sôn wrthym am Dduw'r Creawdwr. Nid datblygu ysgolheigion oedd nod Dyfrig a'i ddilynwyr; hyfforddi Cristnogion a chlerigwyr oedd yn bwysig iddynt a hyn yn cyfrannu tuag at gadw holl etifeddiaeth Rhufain at y dyfodol a'r cyfan oll yn dod yn un cyfanwaith ysblennydd yn y datguddiad Cristnogol.

Dyfrig yw'r esgob sy'n ordeinio ym mynachlog Illtud. Mae'r fuchedd yn sôn am y Pab Dyfrig yn cyrraedd. Erbyn degawdau cynnar y drydedd ganrif, defnyddid y teitl 'pab' i ddynodi esgob. Yn y chweched ganrif yn y gorllewin y dechreuwyd cyfyngu'r teitl i esgob Rhufain gan ddilyn arfer llys yr Ymerawdwr yn Constantinople yn hyn o beth. Yr Esgob Dyfrig sy'n ordeinio diaconiaid, offeiriaid ac esgobion. Mae'r traddodiad yn gofalu sicrhau ei fraint a'i awdurdod gan hawlio iddo dras eglwysig trwy Garmon. Mae'n annhebygol iawn iddo dderbyn urddau esgob gan Garmon ond ef a oedd wedi diogelu a sicrhau uniongrededd a ffyddlondeb Cristnogion Prydain mewn cyfnod argyfyngus. Dyfrig, medd y fuchedd, a gysegrodd esgobion deheudir Prydain ac efe sy'n penodi Deiniol yn esgob ym Mangor. Mae'r pwyslais hwn ar y cysylltiad â Garmon a Dyfrig yn holl brif eglwysi Prydain a'r honiad pellach fod doethion a gwŷr dysgedig Prydain yn heidio at fynachlog Dyfrig yn crynhoi traddodiad fod gan yr abad-esgob Dyfrig le a phwysigrwydd arbennig ym mharhad Cristnogaeth ddiledryw Cymru a Phrydain Rufeinig.

Cysylltir Dyfrig hefyd ag Ynys Bŷr lle y byddai, medd Buchedd Samson, yn arfer treulio'r Grawys. Yn ôl tystiolaeth y fuchedd honno, roedd Dyfrig yn fawr ei barch a'r cof amdano'n fyw iawn a dylanwadol yn Llanilltud ac ar Ynys Bŷr.

Yn hen ŵr, dywedir iddo ymddeol o'i waith llafurus ac encilio i Ynys Enlli. Bu farw yno a'i gladdu ymhlith y saint.

Ni chafodd Dyfrig aros yn llonydd i ddisgwyl atgyfodiad y meirw ar Ynys Enlli. Yn 1120, aeth yr esgob Urban o Landaf ynghyd â'i glerigwyr i Wynedd. Urban oedd y cyntaf i alw ei hun yn esgob Llandaf a hawlio Dyfrig a Teilo yn rhagflaenwyr iddo. Roedd corff Teilo ganddo yn eglwys Llandaf, ond un o dri oedd y corff hwnnw a Llandeilo Fawr a Dinbych-y-Pysgod hwythau'n hawlio fod corff Teilo ganddynt hwythau. Nid oedd hyd yn oed Urban yn meiddio gwadu mai yn Llandeilo y claddwyd y sant. Rhaid sicrhau corff Dyfrig i Landaf felly. Trwy gydweithrediad tywysog Gwynedd ac esgob Bangor, aeth Urban ati i gloddio ar Enlli. Yn gynnar ym mis Mai daethpwyd o hyd i esgyrn Dyfrig. Cludwyd y rhain ynghyd â braich Elgar, y meudwy o Sais, i Landaf. Roedd wedi bod yn wanwyn anghyffredin o sych, heb law. Ar y dydd Sul, y 23ain o Fai, derbyniwyd corff Dyfrig yn eglwys Llandaf. Mawr oedd gorfoledd a syndod y brodorion o weld y cymylau'n crynhoi ac yn arllwys glaw ar dir a daear yr ardal. Roedd y sant, wrth i'w esgyrn gyrraedd eu gorffwysfa derfynol, yn bendithio ei gartref newydd. Penderfynodd Urban godi eglwys fawreddog ac ysblennydd a fyddai'n deilwng o'r seintiau a fyddai bellach yn gorffwys yn Llandaf.

Yn ôl Wade-Evans, bu farw Dyfrig yn 556. Mae'r dyddiad hwnnw'n rhy hwyr. Yn y *Bywgraffiadur Cymreig*, mae Hywel D. Emanuel yn cynnig 475 fel cyfnod ei waith a'i ddylanwad.

24 *Paulinus – Esgob, Cyffeswr*

Ysgrifennwyd Buchedd Paul a gyfenwir Aurelianus ym mynachlog Landevennec yn Llydaw. Wrmonoc yw'r yr awdur a dywed iddo orffen y gwaith yn 884. Pur anaml y gellir bod mor bendant â hyn o ddyddiad cyfansoddi bucheddau seintiau cynnar. Mae'r cyfenw Aurelianus yn galw i gof y tywysog Prydeinig Ambrosius Aurelianus – Emrys Wledig y traddodiad Cymraeg – arwr y brwydrau yn erbyn y llwythau Sacsonaidd yn ail hanner y bumed ganrif a laddwyd yn y brwydro hwnnw.

Dywed y fuchedd fod Paul yn fab i bennaeth o'r enw Perphirius ac iddo gael ei eni ym Mhenychen yn ne-ddwyrain Morgannwg. Dywed y fuchedd hefyd fod Paul a'i frodyr yn byw yn Brehant Dincat. Dadleua G.H. Doble mai Llanymddyfri oedd y lle hwnnw.

Â Wrmonoc yn ei flaen i ddweud bod Paul wedi'i anfon pan oedd yn ifanc i ysgol Illtud lle'r oedd Dewi, Gildas a Samson yn gyfoeswyr iddo. Mae hyn yn groes i'r hyn a ddywed Rhigyfarch sef bod Dewi, ac yntau newydd gael ei ordeinio'n offeiriad, wedi mynd at Paulinus, disgybl Garmon a bod Dewi wedi adfer golwg ei feistr a oedd bellach yn ddall. Roedd Paulinus hefyd yn un o'r esgobion a gynghorai alw Dewi i Synod Llanddewibrefi. Mae'n ddigon posibl fod cymysgu wedi digwydd rhwng dau sant. Mae dechreuad Buchedd Wrmonoc yn awgrymu hyn wrth sôn yn gyntaf am Benychen cyn symud yn ddirybudd i deulu sy'n byw yn Brehant Dincat. Ac yn sicr, mae cryn gymysgu wedi bod yn y Canol Oesoedd rhwng Paulinus y Cymro a'r Paulinus arall a oedd yn esgob Caer Efrog ac a fu farw yn 644.

Ysgrifennu y mae Wrmonoc am y sant a roddodd ei enw i ddinas fechan St.-Pol-de-Leon yn Llydaw. Yn rhan gyntaf ei lyfr, mae'n sôn am fywyd ei arwr cyn iddo symud i Lydaw. Dywed fod Paul neu Paulinus wedi gadael Llanddeusant ar gais Marc, brenin Cernyw, ac ymsefydlu mewn lle o'r enw Caer Banhed. Ymhen ychydig, symudodd at ei chwaer i Lydaw.

Wrth geisio dehongli yr holl draddodiadau, tybiaf y gellir awgrymu bod sant o'r enw Paul neu Paulinus wedi ffynnu yn y genhedlaeth o flaen Dewi a Teilo. Fe'i cysylltir, ymhlith eraill, â'r ddau hyn gan awgrymu mai sant o dde Cymru ydoedd. Os felly, nid ysgol Illtud oedd unig ganolfan dysg y deheudir na'r unig fagwrfa i seintiau ychwaith. Gellir ei alw gydag Illtud yn athro ac yn hyfforddwr saint.

RHAGFYR

1 *Tudwal – Esgob, Cyffeswr*

Sant a goffeir yn Llydaw ac yng Nghymru yw Tudwal. Ni welir ei enw ymhlith y seintiau yn yr hen achau; llawysgrifau Iolo sy'n enwi ei hynafiaid. Mae'n amlwg fod Iolo wedi cymysgu ach arweinydd Brythonaidd â'r Tudwal arall y ceir tair buchedd iddo, bucheddau a gyfansoddwyd yn Llydaw.

Cysylltir Tudwal Sant â'r ymfudo o Gernyw i Lydaw. Roedd yn perthyn i deulu brenhinol. Yn y bucheddau fel yn homilïau'r plygain, roedd y seintiau oll naill ai o dras fonheddig neu o deulu tlawd ond bucheddol onest. Pan ddaeth Tudwal i Lydaw, roedd Paul eisoes wedi sefydlu ei fynachlog yn Leon. Aeth Tudwal felly ymlaen i Treguier a chodi mynachlog fawr yno.

Ceir dwy ynys ar arfordir dwyreiniol Llŷn sy'n dwyn enw Tudwal. Ar yr ynys fwyaf, yr ynys ddwyreiniol, roedd capel yn yr Oesoedd Canol wedi ei gysegru i'r sant. Trowyd y capel yn ysgubor. Yn 1886, prynwyd yr ynys gan yr offeiriad Catholig o Gymro, Henry Bailey Hughes, gyda'r bwriad o godi mynachlog yno. Ei gynllun oedd cael dynion ifanc o Lydaw i ddod a dechrau cenhadaeth i frodorion Abersoch a Llŷn. Ar ôl blwyddyn o fywyd caled ar yr ynys ac yn Llŷn, bu farw ar Ragfyr yr 16eg, 1897. Chwalwyd ei gymuned fechan ac aeth y Llydawyr yn ôl i'w cynefin.

5 *Cawrdaf – Brenin, Cyffeswr*

Cynhelir gŵyl Cawrdaf ar y diwrnod hwn yn ôl y calendrau Cymreig. Mae Iolo, wrth weld hyn, yn ei ddyrchafu'n esgob.

Mae'r ychydig draddodiadau am Cawrdaf yn awgrymu ei fod yn perthyn i'r seithfed ganrif. Cysylltir ef ag Aber-soch yng Ngwynedd. Yno y cadwyd ei ddelw, ei lyfr a'r gloch sanctaidd.

17 *Tydecho – Abad, Cyffeswr*

Ac eithrio'r cywydd i Dydecho Sant o waith Dafydd Llwyd o Fathafarn, ni cheir buchedd i'r sant hwn. Yn ôl y traddodiad, roedd yn frawd i Samson. Sonnir amdano ym Muchedd Padarn lle dywedir ei fod yn un o dri arweinydd grwpiau o seintiau a ddaeth o Lydaw i Gymru. Roedd cryn fynd a dod ar draws y môr rhwng Cymru a'r gwledydd Cristnogol eraill ac yn enwedig felly rhwng y gwledydd Celtaidd. Mae'r eglwysi sy'n dwyn enwau'r seintiau y dywedir iddynt ddod o Lydaw i Gymru bron i gyd yng nghymoedd yr afonydd sy'n rhedeg i Fae Ceredigion. Yng Nghwm Mawddwy y coffeir Tydecho'n bennaf. Ef yw nawddsant Llan-ym-Mawddwy a'r plwyfi cyfagos, Cemais, Garthbeibio a Mallwyd. Dyma eiriau cychwynnol cywydd Dafydd Llwyd:

Mae gŵr llwyd yma gerllaw
Mawl a wedd yn aml iddaw;
Crefyddwr cryf o Fawddwy,
Ceidwad eu hollwlad hwy;
Tydecho lwys, tad uwchlaw,
Un o filwyr nef aelaw.

Yn ôl y cywydd, meudwy gyda'i chwaer Tegfedd oedd Tydecho. Cafodd helyntion dan law Maelgwn Gwynedd. Dywedir ei fod yn 'wyr Emyr Llydaw yna mudawdd i Fawddwy'.

Roedd yn un o seintiau'r chweched ganrif. Dywedir bod dŵr ffynnon Tydecho yng Ngarthbeibio yn dda at y gwynegon.

26 Tathan – Abad, Cyffeswr

Y ffurf Ladin Tatheus a geir ar Fuchedd Tathan a gyhoeddwyd yn VSBG gan Wade-Evans. Gan fod cyfeiriad yno at esgob Llandaf, ni all y testun presennol fod yn hŷn na chyfnod Urban, y cyntaf i ddefnyddio'r enw hwnnw. Esgob Teilo oedd teitl esgobion de-ddwyrain Cymru cyn hynny.

Dywed y fuchedd i Tathan gael ei eni yn Iwerddon, yn fab i'r brenin Tuathal. Mae'r brenin hwnnw y cedwir gwybodaeth sicr amdano yn perthyn i'r chweched ganrif. Ar y llaw arall, dywedir bod Tathan yn athro ar Cadog. Os yw hyn yn wir, mae'n ei ddyddio'n weddol bendant yn y bumed ganrif. Yng Ngwent yr ymgartrefodd Tathan a chael ei diroedd gan y brenin yno ar gyfer ei fynachlog yng Nghaer-went. Erbyn y bumed ganrif, yr roedd y dref Rufeinig hon yn un o gadarnleoedd Cristnogaeth yn y rhan honno o Brydain. Erbyn cyfnod Tathan, roedd y frwydr i atal ymgyrchoedd y Saeson tua'r Gorllewin wedi dechrau.

Oherwydd enw'r pentref Sain Tathan ym Mro Morgannwg, aeth Iolo ati i lunio hanes Tathan a'i gysylltiad anrhydeddus â'r lle. Yn anffodus, mewn dogfennau hŷn, sonnir am *ecclesia Sante Tathane*. Santes anhysbys yw nawddsant y pentref yn y Fro.

Llyfryddiaeth

Cyhoeddwyd nifer sylweddol o astudiaethau arbenigol ar y seintiau cynnar ac ar yr Eglwys yn y gwledydd Celtaidd mewn cylchgronau a chyfnodolion arbenigol. Byddai rhestr o'r rhain yn un go faith. Cyfyngaf y llyfryddiaeth fer hon i lyfrau sydd yn hawdd cael gafael arnynt. Er bod rhai o'r llyfrau allan o brint ers blynyddoedd, maent i'w cael yn ein llyfrgelloedd cyhoeddus.

S. Baring-Gould and John Fisher: *The Lives of the British Saints: Volumes 1 to 4*, Llundain 1907-1913.

A.W. Wade-Evans: *Vitae Sanctorum Britanniae et Genealogiae*; Caerdydd 1944.

J. Gwenogfryn Evans, John Rhys: *The Text of the Book of Llan Dav, Rhydychen* 1903.

A.W. Wade-Evans: *Welsh Christian Origins*, Rhydychen 1934.

A.W. Wade-Evans: *The Emergence of England and Wales*, Caergrawnt 1956, 1959.

G.H. Doble: (D. Simon Evans ed.) *Lives of the Welsh Saints*, Caerdydd 1971.

N.K. Chadwick (ed.): *Studies in the Early British Church*, Caergrawnt 1958.

Francis Jones: *The Holy Wells of Wales*, Caerdydd 1992

E.G. Bowen: *The Settlements of the Celtic Saints in Wales*, Caerdydd 1954.

E.G. Bowen: *Saints, Seaways and Settlements in Celtic Lands*, Caerdydd 1967, 1977.

D. Simon Evans: *Buchedd Dewi*, Caerdydd 1959.

D. Simon Evans: *The Welsh Life of St David*, Caerdydd 1988.

Dom Louis Gougaud: *Christianity in Celtic Lands*, London 1932.

Molly Miller: *The Saints of Gwynedd*, Caergrawnt 1979.

R.P.C. Hanson: *St Patrick: His Origins and Career*, Rhydychen 1968.

L. Bieler: *The Life and Legend of St Patrick*, Dulyn 1948.

D.R. Howlett: *The Book of Letters of Saint Patrick The Bishop*, Dulyn 1994.

Elissa R. Henken: *Traditions of the Welsh Saints*, Caergrawnt 198.7

Silas M. Harris: *St David in the Liturgy*, Caerdydd 1940.

Owain Tudor Edwards: *Matins, Lauds and Vespers for St David's Day*, Caergrawnt 1990.

Charles Thomas: *Britain and Ireland in Early Christian Times*, Llundain 1971.